ISBN 978-0-331-22544-0
PIBN 11032895

This book is a reproduction of an important historical work. Forgotten Books uses
state-of-the-art technology to digitally reconstruct the work, preserving the original format
whilst repairing imperfections present in the aged copy. In rare cases, an imperfection in
the original, such as a blemish or missing page, may be replicated in our edition. We do,
however, repair the vast majority of imperfections successfully; any imperfections that
remain are intentionally left to preserve the state of such historical works.

Handelshochschul - Bibliothek
Herausgegeben von Professor Dr. MAX APT in Berli
Band 3

Grundriß des deutsche Genossenschaftswese

von

Dr. Hans Crüger

Anwalt des Allgemeinen Verbandes der auf Selbsthilfe beruhenden
deutschen Handels- und Wirtschafts-Genossenschaften

G. A. Gloeckner in Leipzig
Verlag kaufmännischer Hand-, Lehr- und Sprachbücher
1908

Inhaltsverzeichnis.

Seite

§ 1. Vorläufer der Erwerbs- und Wirtschaftsgenossenschaften 1
§ 2. 1848—1853 4
§ 3. Schulze-Delitzsch 5
§ 4. Das Schulze-Delitzsch'sche System 6
§ 5. Schulze-Delitzsch und Huber 10
§ 6. Der Allgemeine deutsche Genossenschaftsverband 11
§ 7. Das Wesen der Genossenschaft 12
§ 8. Die Genossenschaftsgesetzgebung 17
§ 9. Organisation der Genossenschaft 22
§ 10. Das landwirtschaftliche Genossenschaftswesen. Raiffeisen . . . 30
§ 11. Das Genossenschaftswesen und das Handwerk 47
§ 12. Das Genossenschaftswesen und der Kleinhandel 57
§ 13. Das Genossenschaftswesen und die Arbeiterschaft 59
§ 14. Das Genossenschaftswesen und die Beamten 72
§ 15. Von der Organisation der einzelnen Genossenschaftsarten . . . 74
§ 16. Die Genossenschaften und der Geldmarkt 79
§ 17. Der Staat und das Genossenschaftswesen 82
§ 18. Die Kirche und das Genossenschaftswesen 100
§ 19. Anwendungsmöglichkeit der Genossenschaft 102
§ 20. Statistisches 106
Literatur-Verzeichnis 128

195971

§ 1.

Vorläufer der Erwerbs- und Wirtschaftsgenossenschaften.

„Was der Mensch ist, verdankt er der Vereinigung von Mensch zu Mensch" (Gierke). Genossenschaft im weitesten Sinn ist jede Vereinigung zu gemeinschaftlicher Tätigkeit. Diese kann auf den verschiedensten Gebieten liegen, auf politischem und auf wirtschaftlichem. In der ersten Zeit wirtschaftlicher Kultur ist beides in einer Genossenschaft vereinigt. Erst allmählich mit fortschreitender wirtschaftlicher Entwicklung löst sich die Genossenschaft zu wirtschaftlichen Zwecken aus. Zunächst stehen derartige Genossenschaften auch wieder unter staatlichem Zwang, so lange die wirtschaftliche Tätigkeit in Fesseln liegt und der behördlichen Ordnung unterworfen ist. Der Genossenschaft wohnt noch behördlicher Charakter inne, und wir begegnen den Genossenschaften als behördlichen Anstalten. Unter dem Einfluß fortschreitender Technik und mit dem Aufhören der Produktion für den lokalen Markt ändert sich das Wesen der Genossenschaft. „Seit dem Ende des 17. Jahrhunderts zeigte sich vielfach bereits die genossenschaftliche Vereinigung der betroffenen Personenkreise mittätig, so daß neben die Anstalten teils öffentliche Wirtschaftsverbände mit korporativer Zwangsverfassung, teils freie, wenn auch öffentlich autorisierte und privilegierte Korporationen treten. In unserm Jahrhundert ist endlich auch hier die Initiative und Gestaltgebung in das Volk zurückgekehrt und hat die nie ganz erloschenen freien Personalgenossenschaften in einer Fülle von Verzweigungen körperschaftlich ausgebildet und den verschiedensten Zwecken adäquat gestaltet.... In den besitzlosen Klassen hat ... die Notwehr gegen das Überwiegen der Kapitalsunternehmungen in jüngster Vergangenheit zu einer Bereicherung des Genossenschaftswesens an Gehalt und Form geführt und ein System ganz neuer Personalgenossenschaften für Wirtschafts-

und Erwerbszwecke hervorgerufen, welches den ersten Beginn einer genossenschaftlichen Entwicklung von unerschöpflicher Fülle und unabsehbarer Tragweite enthält." (Gierke.)

Das Genossenschaftswesen ist, wie Gierke mit Recht hervorhebt, „urdeutsch". Jede Zeit hat das ihrer Eigenart entsprechende Genossenschaftswesen. So weist Schmoller auf den Gebrauch des gruppenweisen Zusammenarbeitens in früheren Perioden hin; die Gruppen bilden Arbeitsgenossenschaften zur Vornahme gemeinsamer Tätigkeiten, und die alten Sitten sind übergegangen in die historische Zeit. Die ganze Bergwerksverfassung entsprach dem gruppenweisen Zusammenarbeiten von Erzgräbern, die noch bis ins 14. Jahrhundert ihren Verdienst in dem betreffenden Erzanteil haben, den sie teilen. Schmoller erwähnt das genossenschaftliche Zusammenarbeiten der Fischerei, die Matrosenlöhnung, die Gruppenakkorde der Lippeschen Ziegelarbeiter. Wichtiger als Vorläufer der heutigen Genossenschaften sind jene Unternehmungen, die sich aus gemeinschaftlichem Besitz ergeben haben. Waldgenossenschaften haben Sägemühlen und Flußanstalten eingerichtet, betreiben Flößerei und Holzhandel. Die Zünfte haben Verkaufshäuser, Färbehäuser, Bleichen errichtet, die Handelsgilden Kräne und Quais angelegt. Zu den Vorläufern des heutigen Genossenschaftswesens, von dem Faßbender mit Recht sagt, daß man es kurz als die naturgemäße Reaktion gegen das plötzliche Eindringen der individualistischen Wirtschaftsordnung bezeichnen kann, gehören die Lietkeschen Sparvereine, die bezweckten, kleine Ersparnisse aufzusammeln, um dann mittels der hieraus erwachsenen größeren Summen Feuerungsmaterialien und Kartoffeln im großen anzukaufen und dadurch auch den Unbemittelten die Vorteile des Großbezuges zugänglich zu machen. Zu den Vorläufern sind die Darlehnskassen zu zählen, die in den vierziger Jahren entstanden, die sich von den späteren Kreditvereinen im wesentlichen dadurch unterscheiden, daß die Kreditnehmer keine bestimmten Verpflichtungen gegenüber der Kasse hatten, und daß diese das Betriebskapital durch Inanspruchnahme von Wohltätern deckte. Als ältere Vorläufer sind die Mühlengesellschaften, wie sie auf dem Hundsrücken und am Niederrhein bestanden, anzusehen, ebenso die Backgesellschaften, Hilfs- und Unterstützungsvereine (Faßbender: „F. W. Raiffeisen", S. 67 ff.). Vor allem gehören zu den Vorbildern die Landschaften, die vielleicht die vollkommenste Realkreditorganisation auch heute noch darstellen. Mitte der vierziger Jahre des vorigen Jahrhunderts wurde von den verschiedensten Seiten aus in Deutschland der genossenschaftliche Gedanke aufgegriffen als ein Mittel, um Handwerk und Arbeiterschaft wirtschaftlich zu stützen gegenüber den Umwälzungen im wirtschaftlichen Leben. Eduard Bernstein erachtet Weitling, Bauer, Born, Bisky, die zum Teil von der Schweiz aus Produktivassoziationen der Arbeiter zu gründen versuchten, für die ersten energischen Propagandisten der genossenschaftlichen Idee in Deutschland. Bernstein übersieht, daß die „genossenschaftliche Idee" nicht neu war. Es handelte sich um die Findung einer Form für ihre Betätigung. Und nach dieser Richtung sind jene Versuche wirkungslos geblieben.

Schulze-Delitzsch ist Reformator und Organisator des Genossenschaftswesens.

„Keinem andern Volke in dem Zuge nach Universalität und in der Fähigkeit zu staatlicher Organisation nachstehend, die meisten an Liebe der Freiheit übertreffend, haben die Germanen eine Gabe vor allen voraus, durch welche sie der Freiheitsidee einen besonderen Gehalt und der Einheitsidee eine festere Grundlage verliehen haben — die Gabe 'der Genossenschaftsbildung" (Gierke). So schätzenswert und wichtig die Gabe, so ist doch nicht minder wichtig die Fähigkeit, die Gabe richtig verwerten zu können.

Mit der durch die Gewerbefreiheit als der natürlichen Folge der sich immer weiter vervollkommnenden Technik gegebenen Lage begann trotz aller gelegentlichen Rückschritte eine neue Wirtschaftsperiode. Ursache und Wirkung stehen hier in Wechselbeziehung. Die alten Organisationen verfallen der Auflösung unter dem Einfluß der fortschreitenden wirtschaftlichen Entwicklung. Alle Versuche, sie zusammenzuhalten, sind vergeblich. Es droht alles in Atome aufgelöst zu werden. Und gleichzeitig zeigt sich das Streben nach Sammlung und Wiedervereinigung unter den neuen wirtschaftlichen Verhältnissen. Hierfür galt es, die richtige Form zu finden. Wir befinden uns nicht bloß in den Anfängen der Bewegung nach Errichtung von Personalgesellschaften. Die wirtschaftliche Gesellschaftsbildung befand sich überhaupt noch in ihren Anfängen. Die Kapitalsbildung war noch nicht weit fortgeschritten. Es lag in der Natur der Verhältnisse, daß Schulze-Delitzsch sich zunächst mit dem Genossenschaftswesen der Gewerbetreibenden beschäftigte. Galt es doch vor allem, Ersatz für die Innungen zu schaffen. Schulze selbst bezeichnete seine Genossenschaften als die Innungen der Zukunft.

Das Genossenschaftswesen der einzelnen Länder zeigt uns, wie seine Eigenart sich nach den Verhältnissen des betreffenden Landes richtet. Nicht dem Zufall, sondern natürlichen wirtschaftlichen Lagen entspricht das Genossenschaftswesen eines jeden Landes. Das Industrieland England mußte zur Gründung von Konsumvereinen führen — das Land, in dem das Kleingewerbe eine hervorragende

Stellung im wirtschaftlichen Leben einnahm: Frankreich konnte
ebenso gut die Entwicklung der Produktivgenossenschaften wie der
Handwerkergenossenschaften als Hilfsgenossenschaften erleben. In
der Eigenart der Völker liegt es, daß in Frankreich die Produktivgenossenschaften, in Deutschland die Handwerkergenossenschaften
entstanden. Freilich hat die politische Entwicklung hieran auch
ihren Anteil. Das Genossenschaftswesen ist in Frankreich ein politischer Spielball gewesen. Gunst und Gegnerschaft der Regierungen
wechselten ab. Mehr als jede andere Genossenschaftsart eignet
sich die Produktivgenossenschaft als Objekt für offensichtliche Wohl-
taten der Regierung. Wo die Regierungen in jener Zeit durch Unter-
stützungen von Genossenschaften den Minderbegüterten ihr Wohl-
wollen zeigen wollten, wählten sie hierzu die Produktivgenossenschaften. So in Frankreich, so in Deutschland, als Lassalle sich
besonderer Vergünstigungen Bismarcks zu erfreuen hatte.

§ 2.
1848—1853.

Die preußische Nationalversammlung hatte eine Kommission
für Handel und Gewerbe eingesetzt, diese wiederum eine Spezial-
kommission für Handwerkerverhältnisse. Vorsitzender der Kommission wurde der Abgeordnete Schulze aus Delitzsch. Ein außerordentlich umfangreiches Material lag der Kommission vor. Bei dem
Ministerium waren Anträge eingegangen, die die Errichtung von
Vorschußkassen für Handwerker forderten, aus denen jeder Handwerker, der wegen augenblicklichen Mangels an Geldmitteln oder
Kredit außerstande ist, die ihm zuteil gewordenen Bestellungen aus-
zuführen, nach Maßgabe seines Bedürfnisses unter entsprechenden
billigen Bedingungen gegen Verpfändung zulässiger Gegenstände einen
Vorschuß sollte erhalten können. Vielfach wurde die Errichtung
von gemeinschaftlichen Verkaufsstätten (Vereinshallen, Industrie-
hallen) begehrt. Bald wurde die Beschaffung des Lokals durch den
Staat begehrt, bald wurde es für eine Pflicht der Kommunen erklärt,
derartige Einrichtungen ins Leben zu rufen. Man ging in den Forderungen so weit, gesetzliche Bestimmungen zu verlangen, daß dort,
wo eine Vereinshalle errichtet war, niemand neben derselben am
Ort ein Warenlager gleicher Beschaffenheit sollte halten dürfen.
Petitionen verlangten die Errichtung von Handwerkerbanken durch
den Staat. Überall der Gedanke, daß an Stelle der unter der gewerb-

lichen Entwicklung untergegangenen Innungen eine neue Organisation geschaffen werden müßte. Man hatte jedoch kein Vertrauen zur eigenen Kraft. Staat und Kommunen sollten die Kreditinstitute und Gewerbehallen den Gewerbetreibenden zur Verfügung stellen.

Das unsterbliche Verdienst Schulzes ist es, daß er für die Vereinigung der Handwerker die rechte Form gefunden hat, die das Kapital den Handwerkern dienstbar macht, ihnen die Möglichkeit bietet, mit Organisationen zu arbeiten, die ihre wirtschaftliche Leistungsfähigkeit steigern. Er organisierte die Genossenschaften in einer Weise, daß staatliche und kommunale Hilfe für ihre Gründung und Erhaltung entbehrlich wurde. Im Jahre 1849 gründete Schulze einen Rohstoffverein der Tischler in Delitzsch, dem alsbald zwei gleiche Vereine für Schuhmacher und Schneider in Eilenburg folgten, wo Dr. Bernhardi an der Spitze der Bewegung stand. Im Jahre 1850 wurde dann in Delitzsch der erste Vorschußverein gegründet, der sich von den oben erwähnten Darlehnskassen hauptsächlich dadurch unterschied, daß die Vorschußsucher Mitglieder des Vereins sein mußten, ein Eintrittsgeld zu zahlen hatten, und verpflichtet waren, Monatsbeiträge zu leisten und den Vorschuß ordnungsmäßig zu verzinsen. Die Organisation bewährte sich, aber das Betriebskapital der Vorschußvereine blieb noch unzureichend. Schulze hatte für die ersteren Genossenschaften die unbeschränkte Haftpflicht der Mitglieder für die Verbindlichkeiten der Genossenschaft gewählt, er glaubte, bei der Kreditgenossenschaft davon absehen zu können. Dies war ein Irrtum, wie ein Vergleich mit dem nach dem Vorbild des Delitzscher Vereins in Eilenburg begründeten Vereine alsbald zeigte, wo Dr. Bernhardi die unbeschränkte Haftpflicht zugrunde gelegt und damit erzielte, daß die Genossenschaft sich vollkommen auf eigene Füße stellen konnte. Im Jahre 1853 reorganisierte Schulze dann entsprechend den Delitzscher Vorschußverein und erreichte nun auch die gleiche Wirkung, wie sie in Eilenburg sich gezeigt hatte.

§ 3.

Schulze-Delitzsch.

Schulze entstammt dem Städtchen Delitzsch, wo seine Vorfahren durch eine Reihe von Geschlechtern die Stellung des Bürgermeisters und des Richters eingenommen hatten. Schulze ist am 29. August 1808 geboren. Im Jahre 1837 fiel es ihm zu, seinen erkrankten Vater als

Patremonialrichter zu vertreten. In dem Hungerjahr 1846 hatte Schulze in Delitzsch reiche Gelegenheit, sein Organisationstalent zu betätigen. Er gewann sich derart die Zuneigung und das Vertrauen seiner Mitbürger, daß er im Jahre 1848 in die Nationalversammlung entsandt wurde. Im Jahre 1850 wurde Schulze in dem sogenannten Steuerverweigerungsprozeß freigesprochen. Er kam als Richter nach Wreschen (Posen). Im Jahre 1851 begehrte Schulze einen Urlaub zur Stärkung seiner Gesundheit, der ihm zunächst verweigert, dann auf erneutes Ersuchen nur unter der Bedingung bewilligt wurde, daß er nicht in die Heimat ginge. Schulze fügte sich dem Verbot nicht und ging nach Delitzsch, wo er mit Jubel empfangen wurde. Zur Strafe für den Ungehorsam sollte Schulze ein Monatsgehalt in Abzug gebracht werden, seine Antwort hierauf war die Einreichung des Abschieds.

§ 4.

Das Schulze-Delitzsch'sche System.

Das von Schulze-Delitzsch verfolgte System findet sich in den beiden Büchern „Assoziationsbuch für deutsche Handwerker und Arbeiter" (1853) und „Die arbeitenden Klassen und das Assoziationswesen in Deutschland als Programm zu einem deutschen Kongreß" (1858). Lassen wir Schulze selbst sprechen.

„Fragen wir zuvörderst nach dem Prinzip der Assoziationen, so haben dieselben im wesentlichen die Grundforderung der Garantie einer lohnenden Tätigkeit für alle mit dem Sozialismus gemein. Auch fußen beide ferner, um sich diese Garantie zu verschaffen, auf dem Grundsatze der Solidarität. In der Art und Weise aber, die letztere herzustellen, schlägt man auf beiden Seiten völlig entgegengesetzte Wege ein. Während der Sozialismus jene Garantie der Gesellschaft in ihrer Totalität, zumeist der Staatsgesellschaft, aufbürdet und zu diesem Behufe deren sofortige Reorganisation auf ganz neuen Grundlagen verlangt: ziehen es die Assoziationen vor, nicht erst auf das Eintreffen so problematischer Voraussetzungen zu warten, sondern sogleich bei den der Entwicklung fähigen Elementen des Bestehenden anzuknüpfen. Anstatt also an eine in der erforderlichen Gestalt noch gar nicht existierende Gesamtheit, wenden sie sich an die bei der Frage beteiligten Einzelnen und ordnen dieselben in bestimmte, nach Tätigkeit und Interesse unterschiedene Gruppen. Die zu jedem dieser Verbände gehörigen Mitglieder unternehmen es sodann, durch das Einstehen Eines für Alle und Aller für Einen einander jene für ihre Existenz so notwendige Sicherheit innerhalb ihres geschlossenen Kreises gegenseitig zu gewähren. Und um was eine solche Garantie spezieller Genossenschaften der allgemeinen des Staates in extensiver Hinsicht auch nachstehen möchte, das wird durch ihre größere Intensität, den engeren Anschluß der Mitglieder, die Konzentrierung ihrer Gemeinschaft auf bestimmte, für alle gleiche Zwecke, reichlich aufgewogen.

Ferner macht es der eingeschlagene Weg den Assoziationen, trotz des engen Verbandes unter ihren Mitgliedern, möglich, die zarte Grenzlinie der freien, individuellen Bewegung zu wahren, und hierauf legen wir besonderes Gewicht. Das gesellschaftliche Zusammenleben der Menschen dreht sich um zwei Angelpunkte, welche, in der Menschennatur selbst begründet, einander polarisch entgegenstehen und notwendig bedingen: die Individualität — das Einzelleben — mit ihrer Abgeschlossenheit, mit dem Drange nach Selbständigkeit, nach freiem Gebaren des Willens und der Kräfte; und die Gemeinschaft — das Gattungsleben — mit der Forderung der Unterordnung, der Hingebung an die Gesamtheit. Die wahre Konkurrenz setzt gleiche Bedingungen, eine gleich zugemessene Bahn für die Kämpfer voraus, sonst verdient sie diesen Namen nicht. Nun weiß aber jedermann, daß auch das kleinste industrielle Unternehmen ohne ein gewisses Kapital mit Aussicht auf irgend einigen Erfolg so gut wie unmöglich ist. Der Mangel daran verdammt die bei weitem größere Zahl der Arbeiter zu ewiger Unselbständigkeit. So gewährt sowohl bei Beschaffung der notwendigen Subsistenzmittel, als des Rohmaterials zur Arbeit, nur der Ankauf im ganzen und großen diejenigen Vorteile, welche bei den gegenwärtigen Preisen und Löhnen eine erträgliche Existenz des Arbeiters möglich machen. Und das ist es eben, was die Assoziationen auf eine ebenso natürliche als einfache Weise bezwecken. Auch der völlig Mittellose repräsentiert immer noch einen ökonomischen Wert in der Gesellschaft: seine Arbeitskraft. Die solchergestalt gewonnene Ausgleichung hinsichtlich der Vorbedingungen der Arbeit setzen den Arbeiter wohl in den Stand, gut und billig zu produzieren, genügen aber für sich allein nicht, ihm Absatz und angemessene Preise seiner Produkte zu schaffen. Da mangelt es zeitweise an Bestellungen, die Käufer fertiger Waren fehlen, Messen und Märkte fallen aus, und es gehört ein namhaftes Betriebskapital dazu, um solche flaue Perioden abwarten und etwa auf Vorrat fortarbeiten zu können. Sollen die Assoziationen hier mit Erfolg eingreifen, so darf die Vergesellschaftung nicht bei Beschaffung der Vorbedingungen zur Arbeit stehen bleiben, vielmehr muß sie sich auf die Arbeit und deren Resultate selbst erstrecken. Und dies geschieht in der Tat in den Assoziationen zum Gewerbebetrieb für gemeinschaftliche Rechnung, welche die Spitze des ganzen Systems bilden. Und in der Tat drängt der Gang der Dinge immer mehr zu solchen großen Etablissements hin. Abgesehen davon, daß eine Menge früher nur von Handwerkern ausgeübter Industriezweige mehr und mehr in den fabrikmäßigen Betrieb übergeht, dessen Voraussetzungen von den Arbeitern nur durch ihren Zusammentritt in Assoziationen verwirklicht werden können: hat sich auch die kommerzielle Spekulation vieler dem Handwerk noch verbliebener Artikel bemächtigt. Häufig errichten Kaufleute Magazine fertiger Handwerkerwaren und geben für ihre Rechnung kleinern Meistern und Gesellen Beschäftigung, welche, mit kümmerlichem Lohn abgefunden, am Gewinn des Geschäfts keinen Teil haben. Auch hiergegen ist wirkliche und nachhaltige Abhilfe nicht durch Verbotsgesetze, welche stets umgangen werden, sondern nur dadurch möglich, daß die betreffenden Gewerksgenossen durch Assoziierung ihren Verkehr so ausbreiten, daß ihnen die Errichtung von solchen Magazinen ebenfalls gelingt."

Auch in dem Buch: „Die arbeitenden Klassen und das Assoziationswesen in Deutschland" erblickt Schulze „in der zweiten Klasse der Assoziation, der eigentlich gewerblichen oder produktiven, den Gipfelpunkt des Systems". Er fühlt sich aber doch hier schon veranlaßt, eine Verwahrung einzulegen, indem er gegen das Mißverständnis protestiert, als gehe seine Meinung dahin, „daß künftig die Assoziation die allein herrschende industrielle Betriebsform zu werden bestimmt sei". Und er tritt dem weiteren Mißverständnis entgegen, „daß sich die Assoziation auf Arbeiter oder Handwerker gewisser Gewerbszweige beschränken müsse". Vielmehr hält er es im Interesse aller für wünschenswert, daß sich bei der Gründung Leute aus allen Fächern beteiligen, daß Kapitalisten, Kaufleute, Techniker und eigentliche Arbeiter gleich von Haus aus zusammentreten und so die verschiedene Vorbildung und Begabung, ja selbst einen Teil der materiellen Mittel mitbringen, welche zu einem schwunghaften Angriff der Sache so förderlich sind. Schulze setzt sich in bewußten Gegensatz zu den französischen Produktivgenossenschaften. Er nimmt Stellung gegen den dem französischen Volk eigentümlichen Ruf nach Schutz und Hilfe des Staates. „Sozialismus von oben, statt von unten" führt Schulze aus, „ist im Prinzip ebenso verwerflich, in seinen Wirkungen ebenso verderblich und obenein weit gehässiger durch den Zwang, welchen er gegen die Beteiligten übt." „Das kann man sich bei näherem Hinblick wohl kaum verhehlen, daß

sich der Zwiespalt der großen Prinzipien, welche unter den gebildeten Völkern der Neuzeit um die Herrschaft streiten, des Roma-
nischen und Germanischen, auch in Auffassung und Handhabung
der sozialen Frage kundgibt. Auf der einen Seite kirchliche oder
staatliche Zentralisation, jede selbständige Regung der Massen
überwacht und verpönt, alles von oben geregelt, alles, mit Ertötung
jedes individuellen Unterschiedes, in einem wohldressierten hierar-
chischen oder bureaukratischen Mechanismus eingezwängt."

Das war das Bild, das sich noch im Jahre 1858 bot. Nicht das
Genossenschaftswesen gibt dem wirtschaftlichen Leben die Rich-
tung, sondern das Umgekehrte ist der Fall. Kirchliche und staatliche
Zentralisation haben auch bei den Germanen eine große Bedeutung
erlangt und das Genossenschaftswesen beeinflußt. Ganz und gar
nicht aber zur Verwirklichung gelangt ist der Gedanke Schulze-
Delitzsch's, mit Hilfe der Produktivgenossenschaften die Lage der
Arbeiter oder Handwerker zu verbessern. Im Jahre 1858 spricht
Schulze-Delitzsch schon nicht mehr mit der gleichen Sicherheit von
den Erfolgen einer derartigen Organisation wie fünf Jahre vorher.
Immer ungünstiger wurden die Zeitverhältnisse. Und bald nahm
auch die wirtschaftliche Entwicklung Formen an, unter deren Herrschaft für Produktivgenossenschaften der Arbeiter und Handwerker
tatsächlich wenig Spielraum mehr blieb. Ganz abgesehen davon,
daß die Ansprüche, die diese Genossenschaftsart an ihre Mitglieder
stellt, vielleicht doch über das hinausgehen, was der gewöhnliche
Sterbliche zu leisten imstande ist.

Das Genossenschaftswesen des Auslandes hat auf die Entwicklung des Genossenschaftswesens in Deutschland keinen Einfluß ausgeübt. Allerdings wurden insbesondere nach französischem Vorbilde
vereinzelte Produktigenossenschaften in dem ersten Drittel des
vorigen Jahrhunderts ins Leben gerufen, jedoch ist man über Versuche nicht hinausgekommen. Sozialdemokratische Agitatoren haben
freilich u. a. in einem Blatt „Das Volk" die Genossenschaftsfrage
behandelt, sie haben die Gründung von Produktivgenossenschaften
gefordert. Erreicht ist nichts. Die damals ins Leben gerufenen
Produktivgenossenschaften waren nichts mehr wie vorübergehende
Erscheinungen. Und wenn H. Valleroux in seinem Buch: „Les asso-
ciations coopératives en France et à l'étranger" und Zeidler in seiner
„Geschichte des deutschen Genossenschaftswesens der Neuzeit" be-
haupten, durch Huber sei der Einfluß der englischen auf die deutsche
Genossenschaftsbewegung zur Geltung gebracht, die bis dahin allein
französischen Einflüssen ausgesetzt gewesen sei, so steht dies mit
den Tatsachen in Widerspruch. Es hat keinen Zweck, sich darüber

zu streiten, wer der „Erfinder des Genossenschaftswesens" ist, denn das Genossenschaftswesen brauchte keine Erfinder, es ist, um mit Gierke zu sprechen, „urdeutsch". Es handelte sich darum, für die Betätigung des genossenschaftlichen Gedankens eine Form zu finden, in der die Genossenschaft, angepaßt den neuen Verhältnissen und Bedürfnissen, wirken konnte.

§ 5.

Schulze-Delitzsch und Huber.

V. A. Huber, im Jahre 1800 geboren, entstammt einer Gelehrten-familie, die beiden Großväter, die sich aus den ärmlichsten Verhält-nissen emporgearbeitet, waren bedeutende Gelehrte und Schrift-steller. Bei Huber findet sich, wie Munding in dem Vorwort zu den von ihm herausgegebenen „Ausgewählten Schriften" bemerkt, „eine liberal-aristokratische Grundstimmung". Wahre Frömmigkeit war Huber eigen. Neigung und Erziehung drängten ihn zur konser-vativen Partei. Verschieden in Abstammung, Erziehung und Nei-gungen hat doch Huber Schulze-Delitzsch's Tätigkeit lange Jahre hindurch aufs lebhafteste unterstützt, allerdings meist nur durch schriftstellerische Arbeit. Organisatorisch konnte Huber nicht wirken. So energisch Schulze bei seinen Assoziationen das demokratische Element vertrat, war Huber mehr ein Freund der „latenten Asso-ziation". Vollkommen gleicher Meinung waren beide Männer in der Festhaltung des Prinzips der Selbständigkeit der Genossenschaft. Huber hatte das Genossenschaftswesen in England kennen gelernt. Ging Schulze zunächst von den Genossenschaften der Handwerker aus, so hatte Huber mehr die Genossenschaften der Arbeiter im Auge. Hieraus erklärt sich mancher Streit zwischen Schulze und Huber. Die Grundgedanken Hubers sind schwer zu erfassen, so daß später sich sowohl die unbedingten Anhänger der Selbsthilfe auf Huber berufen konnten, wie auch jene, die die Staatshilfe als Er-gänzung zur Selbsthilfe herangezogen sehen wollten. Durch eine Indiskretion des Herausgebers der Deutschen Gemeinde-Zeitung, Dr. Hermann Stolp, wurde ein Brief Hubers bekannt, in dem er sich in gehässiger Weise über Auffassungen Schulze-Delitzsch's äußerte. Es war dies um so auffallender, als er wiederholt Schulze gegenüber die wärmste Anerkennung über seine Bestrebungen aus-gesprochen und immer versichert hatte, daß der verschiedene poli-tische und kirchliche Standpunkt ihn nicht hindere, den Werken

Schulzes vollauf gerecht zu werden. In der Stellungnahme zur Haftpflicht der Genossenschaften, worüber später gehandelt werden wird,
kam die verschiedene Auffassung der beiden Männer besonders scharf
zum Ausdruck. Schulze forderte das unbedingte Festhalten an der
unbeschränkten Haftpflicht mit Rücksicht auf die gesamte Entwicklung des Genossenschaftswesens; Huber trat für die Zulassung der
beschränkten Haftpflicht ein in der Annahme, daß bei deren Geltung
den Konsumvereinen und Produktivgenossenschaften ein ergiebigeres
Tätigkeitsfeld zur Verfügung stehen würde. Die Verschiedenheit der
Anschauungen über das Wesen der Genossenschaft der beiden
Männer trat bereits in den Thesen hervor, die Huber im Jahre 1856
dem Congres de bienfaisance über das genossenschaftliche Prinzip
der arbeitenden Klassen vorlegte, und in der Ablehnung Schulzes,
auf diesem Kongreß, auf dem belgische und französische Mitglieder
den beherrschenden Einfluß ausübten, über das Genossenschaftswesen zu sprechen. Schulze erklärte damals die Genossenschafts-
sache für eine Nationalangelegenheit und bereitete den ersten Kongreß
deutscher Volkswirte vor.

§ 6.

Der Allgemeine deutsche Genossenschaftsverband.*)

Auf Einladung Schulzes traten Pfingsten 1859 zum erstenmal
Abgesandte von 30 Vorschußvereinen in Weimar zu einem Vereinstage zusammen. Der Kongreß sollte in Dresden abgehalten werden,
doch die sächsische Regierung hatte eine Zusammenkunft der Genossenschaften verboten. In Weimar wurde die Errichtung eines
Zentralbureaus beschlossen, dessen Leitung Schulze erhielt. Zweck
des Zentralbureaus war es, die Verbindung der Vereine anzubahnen
und die Korrespondenz mit den Vereinen zu führen, ferner ein Organ
der Vorschußvereine in der seit 1854 als besondere Abteilung der
deutschen Gewerbezeitung erscheinenden „Innung der Zukunft" (seit
1866 unter dem Titel „Blätter für Genossenschaftswesen") zu schaffen.
Schon im Jahre 1861 dehnte sich die Verbindung auch auf andere
Genossenschaftsarten aus. Im Jahre 1864 wurde das Zentralbureau
in den Allgemeinen Verband der deutschen Erwerbs- und Wirtschafts-

---

*) Über die Tätigkeit des Allgemeinen deutschen Genossenschaftsverbandes
gibt Auskunft eine kleine Schrift: „Die Aufgaben unserer Organisation", die
durch das Bureau des Allgemeinen Verbandes in Charlottenburg zu erhalten ist.

genossenschaften umgebildet: Zweck des Verbandes ist unter Ausschluß jeglichen wirtschaftlichen Geschäftsbetriebes:

a) die Förderung des Genossenschaftswesens im allgemeinen;
b) die Fortbildung der Verfassung und der Einrichtungen der
verbundenen Genossenschaften;
c) die Wahrnehmung gemeinsamer Interessen mit vereinten
Mitteln und Kräften.

Die Organe des Allgemeinen Verbandes sind: der Anwalt, der
Engere Ausschuß, der Gesamtausschuß, die Unterverbände, der All-
gemeine Genossenschaftstag. Der Gesamtausschuß besteht aus den
Direktoren der Unterverbände, der Engere Ausschuß aus 7 Mitglie-
dern, welche durch den Allgemeinen Genossenschaftstag aus den
Verbandsdirektoren und deren Stellvertretern gewählt werden. Die
Unterverbände sind gewissermaßen Zwischenglieder zwischen dem
Allgemeinen Verband und den einzelnen Genossenschaften; sie sind
bezirksweise oder nach Gattungen gebildet. Ihre wesentlichste Aufgabe ruht in der Durchführung der Verbandsrevision.

§ 7.

Das Wesen der Genossenschaft.

Die Genossenschaft ist eine Gesellschaft zur Erfüllung bestimmter
wirtschaftlicher Aufgaben, zur Durchführung einer geschäftlichen
Tätigkeit und zwar unter Gesichtspunkten, durch die sie einen
ganz andern Charakter erhält, als er sonst den auf geschäftlichem
Gebiet tätigen Gesellschaften eigen ist. Die Genossenschaft ist eine
Handelsgesellschaft, ganz gleich, nach welcher Richtung hin sie
ihre Tätigkeit ausübt. Das eigenartige dabei ist, daß die Handels-
tätigkeit sich äußert zum Vorteil ihrer Mitglieder. Jede andere
Handelsgesellschaft ist ein selbständiges geschäftliches Unternehmen,
zu dem die Gesellschafter im allgemeinen nur die Beziehungen des
Kapitalgebers haben. Natürlich sehen wir dabei von der offenen
Handelsgesellschaft ab, die eine Genossenschaft im engsten Sinn
des Wortes ist. Die Eigenart der Genossenschaft besteht darin, daß
ihre Tätigkeit im engsten Zusammenhang mit der Tätigkeit der Mitglieder steht. Die Genossenschaft ist eine Handelsform, deren Eigenart ferner darin beruht, daß sie der Arbeitsteilung entgegenwirkt.
Die Genossenschaft will ihren Mitgliedern Dienste erweisen anstelle
derer, die bisher die Tätigkeit der Genossenschaft den Mitgliedern
gegenüber ausgefüllt haben. Die Arbeitsteilung, an und für sich, die

gesunde und natürliche Grundidee jeder wirtschaftlichen Entwick-lung, kann unter Umständen zu weit gehen, und dann ist die Genossenschaft am Platz, um sie wieder zu beseitigen, wenn doch einmal der, zu dessen Gunsten sie wirkt, nicht imstande ist, selbst die Tätigkeit auszuüben. Und hier ist der springende Punkt. Reichen die Kräfte des Einzelnen nicht aus, ein bestimmtes Ziel zu erreichen, so verbindet er sich hierzu mit andern. Reicht die Kreditfähigkeit des Handwerkers nicht aus, um bei dem Geldgeber den Kredit zu erlangen, dessen er für den Betrieb seines Geschäftes benötigt, und für den er in Wirklichkeit gleichwohl kreditwürdig ist, so sucht er in gleichen Verhältnissen befindliche Personen, um sich mit ihnen für die Kreditbeschaffung zu verbinden. Es entsteht die Genossenschaft, die nun als solche den Kredit erlangt, dessen sie bedarf, um das Kreditbedürfnis ihrer Mitglieder im einzelnen zu befriedigen. Und im großen ganzen finden wir den gleichen Gedankengang bei den Konsumvereinen, bei der Baugenossenschaft, bei der Handwerker-genossenschaft, bei der landwirtschaftlichen Genossenschaft — es ist der Grundgedanke der Genossenschaft. Aus diesem Grundgedanken ergibt sich aber auch die Grenze für die Anwendung der genossen-schaftlichen Organisation im wirtschaftlichen Leben. Hierüber einiges nähere bei § 20. Die Arbeitsteilung beruht nicht auf Zufallserwä-gungen. Die Genossenschaft kann ihren Zweck verfehlen, wenn sie die Arbeitsteilung dort aufhebt, wo diese durch die Verhältnisse durchaus begründet ist, ein Moment, das heute, wo das Streben herrscht, möglichst weite Kreise an den Vorteilen der genossen-schaftlichen Organisation teilnehmen zu lassen, nur allzuhäufig und zwar zum Schaden derer, die aus der Organisation Vorteil ziehen wollen, übersehen wird. Schablone ist nirgends im wirtschaft-lichen Leben am Platz und ganz gewiß nicht bei Anwendung der Genossenschaft.

Die Genossenschaft soll die Kluft ausgleichen, die entstanden ist durch die Bedeutung, die das Kapital als Wirtschaftsfaktor mehr und mehr gewonnen hat. Nicht deutlicher kann dies zum Ausdruck gebracht werden als in dem „Zuruf an die deutschen Handwerker", der sich in Schulzes „Assoziationsbuch für deutsche Handwerker und Arbeiter" (1853, S. 49) findet, und den wir seiner großen Be-deutung wegen hier im Wortlaut folgen lassen:

„Wohl ist das allgemeine Gefühl, welches den ganzen Hand-werkerstand gegenwärtig durchdringt: das Gefühl von der völligen Unhaltbarkeit seiner Stellung gegen die jetzt im Verkehr zur Geltung kommenden Mächte, das Kapital und die Fabrikindustrie, nur allzu begründet. Alle sind darüber einig, daß es anders werden müsse, daß man nicht so stehen bleiben könne. Allein anstatt vorwärts, jenen neuen Mitteln und Bahnen, deren sich das Gewerbe zu bemächtigen beginnt, zugewendet, will man zurück? — Das ist ebenso verkehrt als unmöglich. Oder könnte denn jemand im Ernste meinen, daß, wenn man wirklich die alten Formen und Ordnungen, bei denen sich die Vorfahren vor 40 bis 50 Jahren wohl befanden, wieder einführen wollte, dann auch zugleich die früheren Zustände der damaligen Welt wieder mit zurückkehren würden, auf welche jene allein paßten? — O nein! Anstatt sich über die Eingriffe der Fabrik und des Handels, über die Übermacht des Kapitals zu beklagen, sollte man sich lieber selbst der Vorteile des fabrikmäßigen, des kaufmännischen Betriebes bemächtigen, und sich das Kapital dienstbar machen. Wollt nur, und ihr könnt es! — Einer Zeit, in der es vor allem gilt um gleiches Recht und gleichen Raum zu freier Tätigkeit für alle, der darf man nicht mit dem Geschrei um Schutz und Privilegien entgegentreten, ohne die eigene Unreife zuzugestehen. Aber das ist eben die üble Gewöhnung der langen polizeilichen Bevormundung, welche dem Deutschen anklebt: überall, wo sich ein umsichtiger Mensch selbst zu helfen wissen soll, gleich nach der Polizei zu rufen und den Schutz der Obrigkeit zu verlangen, als sei der eigne Schutzgeist gewichen! Am meisten bedürfte so mancher deutsche Handwerker des Schutzes gegen sich selbst. Den alten Schlendrian abzutun, jenen bequemen Meisterdünkel, der am Ende aller Weisheit angekommen zu sein wähnt, das tut vor allem not! Täglich zuzulernen und sich frisch rühren gilt es, um jeden neuen Fortschritt der Gewerksindustrie, jeden Vorteil in Handel und Wandel abzupassen, wenn man jetzt fortkommen will. Ebenso ist es mit den Innungen. Auch dieser Forderung liegt ein richtiges Gefühl zugrunde, indem ohne Einigung an eine Verbesserung der Zustände nicht zu denken ist. Allein das alte Zunftwesen mit seiner bloß formalen, beschränkenden Tendenz, ist ohne allen Inhalt und tot, und es ist durchaus vergeblich, durch die Gewerbegesetzgebung von außen wieder ein Leben hineinbringen zu wollen, welches nicht aus der innern Kraft des Organismus selbst hervorquillt. Nicht der Zwang, das eigne Interesse muß den Anschluß hervorbringen und den Verbänden Halt geben, wenn dieselben dauernd auf die Hebung des Arbeiterstandes einwirken sollen. Die Assoziationen mit der ganzen Macht und Fülle ihres Prinzips sind die Innungen der Zukunft."

Es entbehrt nicht des Interesses, daß der Begründer der Preußischen Zentral-Genossenschafts-Kasse, Miquel, vierzig Jahre später einen offenen Brief an die Handwerker in Osnabrück richtete, der fast wörtlich mit dem Aufruf Schulze-Delitzschs übereinstimmt, freilich ohne Bezugnahme auf ihn. Es heißt in dem Miquelschen Brief u. a.: „Ich habe zu meiner Freude gesehen, daß der Osnabrücker Handwerkerstand anfängt, entschlossen gegen die Ungunst der Zeit mit eigener Kraft anzukämpfen. Es gilt heute für den Handwerkerstand wie für den Bauern, durch festen Zusammenschluß diejenigen Vorteile, so weit wie möglich, sich anzueignen, welche das Großkapital und der Großbetrieb ihm voraus haben.“ Und Miquel empfiehlt dann tüchtige Vorbildung, gute Buchführung, billigen Kredit durch Kreditgenossenschaften, genossenschaftlichen Einkauf von Rohmaterialien, wo es möglich ist, genossenschaftlichen Verkauf, „ja, soweit die Verhältnisse es gestatten, Bildung gemeinsamer Werkstätten unter Benutzung von Dampfmaschinen und anderen Motoren, jedenfalls Verwendung in der eigenen Werkstatt — diese und ähnliche Mittel, welche die moderne Entwicklung darbietet, werden den Mittelstand auch heute noch erhalten und stärken. Die Zeit der Privilegien und Monopole ist vorbei“. Daß Miquel in jenem Aufruf auf die Preußische Zentral-Genossenschafts-Kasse Bezug nimmt, ändert nichts an der Tendenz seines offenen Briefes, mit dem den Handwerkern die gleichen Ratschläge erteilt werden, die sich in dem Aufruf Schulze-Delitzschs finden.

Das Gesetz definiert in § 1 die Genossenschaften wie folgt: „Genossenschaften sind Gesellschaften von nicht geschlossener Mitgliederzahl, welche die Förderung des Erwerbes oder der Wirtschaft ihrer Mitglieder mittelst gemeinschaftlichen Geschäftsbetriebes bezwecken.“ Diese Definition bringt in klarer Weise die Eigenart der Genossenschaft zum Ausdruck. Es handelt sich bei der Genossenschaft nicht um die Verwertung von Kapitalien, sondern um die Förderung des Erwerbs oder der Wirtschaft der Mitglieder. Und es muß sich um einen gemeinschaftlichen Geschäftsbetrieb handeln. Es scheiden also z. B. vollkommen aus Bildungsvereine und Gewerkvereine, bei denen das geschäftliche Unternehmen fehlt. Ferner scheiden aus Vereinigungen, die nur mittelbar Erwerb und Wirtschaft ihrer Mitglieder fördern wie die Hilfskassen. Ferner scheiden aus die sogenannten „latenten“ Genossenschaften, bei denen das Prinzip der Assoziation in einem latenten Zustand bleibt, wie z. B. bei genossenschaftlichen Fabriken, in denen eine Verbindung von Arbeitern und Arbeitgebern besteht, jedoch unter Leitung des Fabrikherrn; ferner bleiben außer Betracht die Dividendengenossenschaften, bei denen die Arbeiter Anteil am Gewinn des Unternehmens erhalten und die industrielle Partnerschaft, bei der der Arbeiter auch Miteigentümer des Geschäfts wird.

Die Grundlagen der Genossenschaft sind nicht Kapitalien, sondern Personen. Der Mitgliederkreis ist kein geschlossener. Neue Mitglieder können immer wieder aufgenommen werden, und den Mitgliedern bleibt die Kündigung offen, die nicht über zwei Jahre hinaus durch das Statut beschränkt werden darf.

Nach dem Gesetz ist die Aufgabe der Genossenschaft eine wirtschaftliche, nach dem Wesen der Genossenschaft soll sie gleichzeitig eine soziale sein. Treffend bemerkt Gierke: „Der Unterschied vom Kapitalverein ist nur, daß, wie bei jenem die Kapitalassoziation, so hier die Personengenossenschaft dasjenige Moment ist, welches das Wesen des Vereins bedingt und bestimmt; daß das Kapital dort herrscht, hier dient; daß daher auch rechtlich hier die Personen als solche, nicht, wie dort, bloß als Träger von Anteilen eines Gesamtvermögens verbunden sind. Begrifflich wie historisch ist mithin die Vermögensgenossenschaft Potenzierung der Sachgemeinschaft, als deren Ausfluß und Annex erst eine subjektive Gemeinschaft eintritt: hier dagegen ist umgekehrt eine Potenzierung des Gesellschaftsvertrags vorhanden, so daß nicht ein sachkorporatives, sondern ein aus der gesteigerten obligatio erwachsenes personenkorporatives Band den Verein zusammenhält und die Vermögensgemeinschaft nur als Ausfluß und Annex der Personengemeinschaft erscheint", und Huber: „Die materielle Signatur der Assoziation kann nicht nur Hand in Hand mit sittlichen und geistigen Bestrebungen gehen, sondern es gehört eben eine solche Verbindung sogar durchaus zu der vollen Signatur der Assoziation."

Man braucht die Bedeutung des Genossenschaftswesens nicht zu überschätzen, wenn man behauptet, daß für Landwirtschaft, Handwerk und Kleinhandel die genossenschaftliche Organisation das wirksamste Mittel bietet, von der Vervollkommnung der Technik für den eigenen Betrieb Nutzen zu ziehen. Mittels der Genossenschaft werden die Vorteile des Großbetriebs Gewerben zugeführt, die in ihrer Isoliertheit niemals dieselben für sich gewinnen können. Dazu kommt dann noch die erzieherische Einwirkung auf die Mitglieder.

Allerdings ist neuerdings durch die staatliche Förderung des Genossenschaftswesens der Charakter desselben wesentlich beeinflußt, und zwar hat besonders die soziale Seite Einbuße erlitten. Das vielfach bis auf ein Minimum zurückgeführte wirtschaftliche Risiko in Verbindung mit der staatlichen Förderung des Genossenschaftswesens hat die ideale Begeisterung und die verständnisvolle Beteiligung der Masse, die als zum Wesen der Genossenschaft gehörig betrachtet werden müßte, ganz bedeutend abgeschwächt, wenn nicht sogar aufgehoben.

Die gebräuchlichste Einteilung der Genossenschaften ist die in distributive und produktive, und zwar nach ihrer Wirkung. § 1 des Genossenschaftsgesetzes zählt sieben Gruppen auf, jedoch nur als Beispiele für die Anwendung der Genossenschaft. Bei der heutigen Verbreitung des Genossenschaftswesens auf allen Gebieten ist eine scharfe Einteilung kaum möglich. Der erheblichste Hinderungsgrund ist aber, daß der Firma der Genossenschaft nicht immer der Gegenstand des Unternehmens angesehen werden kann, und daß der im Statut bezeichnete Gegenstand des Unternehmens keineswegs immer sich mit der Wirklichkeit deckt. In der Praxis beruht heute die Einteilung auf folgenden 18 Gruppen, nämlich:

1. Kreditgenossenschaften, 2. Rohstoffgenossenschaften, gewerbliche, 3. Rohstoffgenossenschaften, landwirtschaftliche, 4. Wareneinkaufsvereine, 5. Werkgenossenschaften, gewerbliche, 6. Werkgenossenschaften, landwirtschaftliche, 7. Genossenschaften zur Beschaffung von Maschinen usw., 8. Magazingenossenschaften, gewerbliche, 9. Magazingenossenschaften, landwirtschaftliche, 10. Rohstoff- und Magazingenossenschaften, gewerbliche, 11. Rohstoff- und Magazingenossenschaften, landwirtschaftliche, 12. Produktivgenossenschaften, gewerbliche, 13. Produktivgenossenschaften, landwirtschaftliche a) Molkereigenossenschaften, b) Brennereien, c) Winzervereine, d) Genossenschaften für den Bau und Vertrieb von Feld- und Gartenfrüchten, e) Schlachtgenossenschaften, f) Fischereigenossenschaften, g) Forstgenossenschaften, 14. Zuchtgenossenschaften, 15. Konsumvereine, 16. Wohnungs- und Baugenossenschaften, eigentliche, 17. Wohnungs- und Baugenossenschaften, Vereinshäuser, 18. Sonstige Genossenschaften.

§ 8.

Die Genossenschaftsgesetzgebung.

Zur Zeit der Gründung der ersten Genossenschaften, die in Preußen stattfand, konnten diese nur als erlaubte Privatgesellschaften nach den Bestimmungen des preußischen allgemeinen Landrechts organisiert werden. Diese Gesellschaften konnten unter ihrem Namen weder Grundstücke noch Kapitalien erwerben noch auch beim Gericht als Kläger oder Verklagte auftreten. Sie hatten nur die inneren Rechte der Korporationen. So konnte Schulze-Delitzsch mit Recht hervorheben: „In jedem Fall bleibt die Stellung der

Genossenschaften in Ermangelung fester, speziell für sie anwend-
barer Rechtsformen, eine schwankende, von den wechselnden Ansichten der Gerichte, nicht selten von dem guten Willen der Gegen-
partei abhängige, und sie sind genötigt, zu Fiktionen und Umwegen
ihre Zuflucht zu nehmen, um nur den nötigen Rechtsschutz zu erlangen — ein Zustand, der, in jeder Weise mißlich, mancherlei
Gefahren, unnütze Kosten und Weitläufigkeiten für sie zur Folge hat."
Bereits dem zweiten Vereinstage der Vorschuß- und Kreditvereine
Pfingsten 1860 legte Schulze-Delitzsch einen Entwurf zu einem Gesetze
vor „zum Behufe der Erleichterung der Legitimation bei Prozessen
und Rechtsgeschäften für die Vorschuß- und Kreditvereine, welche
auf der Selbsthilfe der Kreditbedürftigen im genossenschaftlichen
Wege beruhen". Der Entwurf hatte sich an die englische Gesetzgebung angelehnt, wonach eine Einregistrierung bei einem besonderen Einregistrierungsamt der Gesellschaft Korporationsrechte ver-
leiht. Die Genossenschaften sollten, ohne Verleihung von Korpora-
tionsrechten, durch ein Attest der Ortsbehörde die Beglaubigung
ihrer Statuten mit der Wirkung erlangen können, daß denselben vor
Gericht und sonst überall in bezug auf die darin angeordnete Vertretung nach außen und die Vollmachten ihrer Beamten die Beweis-
kraft öffentlicher Urkunden beigelegt werde. Dieser Gesetzentwurf
wurde im Frühjahr 1861 im preußischen Abgeordnetenhaus noch
nicht eingebracht, weil das Allgemeine deutsche Handelsgesetzbuch
vorgelegt werden sollte, und erst geprüft werden mußte, ob und
inwieweit dies auf Genossenschaften anwendbar sein würde. Es
stellte sich bald heraus, daß keine der Gesellschaften des HGB. auf
die Genossenschaften anwendbar war. Schulze-Delitzsch forderte nun,
daß die Gesetzgebung die Genossenschaft als eine besondere und
eigentümliche Art der Gesellschaften anerkenne und den Handelsgesellschaften durch Eintragung in ein vom Handelsregister als
einen Teil desselben zu führendes Genossenschaftsregister und durch
Gewährung der Rechte selbständiger handelsrechtlicher Personen
gleichstelle. Er arbeitete den ersten Entwurf entsprechend um
und brachte ihn im März 1863 beim Abgeordnetenhaus ein. Der
Entwurf wurde einer Kommission überwiesen, und die Staatsregierung erklärte, sie wolle in der nächsten Sitzungsperiode einen Gesetzentwurf vorlegen. Die Kommission beriet den Entwurf gleichwohl
weiter. Die Auflösung des Hauses verhinderte die Feststellung des
Berichts. Im Handelsministerium wurde im Anschluß an die Vor-
arbeiten Schulzes und der Kommission ein Entwurf ausgearbeitet
und Februar 1866 dem Herrenhaus vorgelegt. Schon im Februar
wurde der Landtag geschlossen.

Schulze-Delitzsch brachte in der folgenden Legislaturperiode seinen Gesetzentwurf in der Fassung der Kommission von 1863 ein. Wieder vertröstete die Staatsregierung das Abgeordnetenhaus auf die nächste Sitzung und bat, von der Spezialberatung Abstand zu nehmen. Dies geschah nicht. Nachdem nun September 1866 der Bericht der Kommission festgestellt war, brachte die Staatsregierung November 1866 ihren früheren Entwurf mit einigen Abänderungen ein. Nach langen und schwierigen Verhandlungen, in denen die Genossenschaften verschiedene Konzessionen machen mußten zugunsten von Bestimmungen, die gegen Mißbrauch der Genossenschaften zu fremden und staatsgefährlichen Zwecken gerichtet sind, kam der Entwurf zustande.

Am 27. März 1867 wurde das preußische Genossenschaftsgesetz vollzogen. Im April 1868 beantragte Schulze bei dem Reichstag, das preußische Genossenschaftsgesetz mit den notwendigen Ergänzungen und Abänderungen in das ganze Bundesgebiet einzuführen. Entscheidend war für ihn, daß man sich hüten müßte, das Genossenschaftswesen „gesetzgeberischen Experimenten preiszugeben, wie sie sie bereits hier und da in völliger Verkennung der Rechts- und Sachlage zur Vorlage gebracht sind". Am 4. Juli 1868 wurde das Genossenschaftsgesetz für den norddeutschen Bund erlassen, das außer in Preußen, Sachsen-Meiningen und Sachsen-Weimar auch im Königreich Sachsen in Kraft trat, wo es das sächsische Gesetz vom 15. Juni 1868, das auch die Genossenschaften betraf, ablöste. Bayern erhielt noch am 29. April 1869 ein besonderes Gesetz über die privatrechtliche Stellung der Erwerbs- und Wirtschaftsgesellschaften mit einem besonderen Abschnitt, betreffend die registrierten Gesellschaften mit beschränkter Haftpflicht. Baden, Hessen hatten ebenfalls besondere Genossenschaftsgesetze. Durch die Versailler Verträge erlangte das Gesetz von 1868 Eingang in Baden, Hessen, Württemberg.

Der 1. August 1873 ist der Tag, mit welchem im Deutschen Reich die Einheit des Rechts für die Erwerbs- und Wirtschaftsgenossenschaften hergestellt wurde.

Nach dem heutigen Rechtszustande können eingetragene Genossenschaften nur gebildet werden nach Maßgabe des Reichsgenossenschaftsgesetzes. Eine Eintragungspflicht besteht für die Genossenschaften nicht. Die nicht eingetragenen Genossenschaften unterstehen daher dem Gesellschaftsrecht des BGB. Daneben gibt es noch in Bayern eine Anzahl registrierte Gesellschaften mit beschränkter Haftpflicht, die unter der Herrschaft des bayrischen Gesetzes gegründet wurden und es versäumt haben, sich unter das deutsche Genossenschaftsgesetz zu stellen.

Im Jahre 1889 wurde das deutsche Genossenschaftsgesetz durch das Gesetz vom 1. Mai 1889 einer durchgreifenden Revision unterzogen; letzteres erfuhr durch das Gesetz vom 12. August 1896 und durch Art. 10 des Einf. Ges. z. HGB. einige Änderungen.

Betrachten wir die Vorteile, die das Gesetz von 1867 den Genossenschaften bot, so sind diese kurz die folgenden: Die Genossenschaften erhielten Rechtspersönlichkeit (§ 10) und zwar durch Eintragung in das Genossenschaftsregister, das Teil des Handelsregisters war; aus der direkten Haftpflicht der Mitglieder, die mangels der Rechtspersönlichkeit der Genossenschaft bestand, war die Solidarbürgschaft geworden, nach der der direkte Angriff erst nach Beendigung des Genossenschaftskonkurses statthaft war (§ 50). Das Gesetz enthielt drei Bestimmungen, in denen sich das Mißtrauen der Regierung gegenüber den Genossenschaften zeigte, trotz aller Erklärungen, in denen die Anerkennung der Bedeutung der Genossenschaften zum Ausdruck kam. Die Genossenschaft muß den Staatsbehörden in das Protokollbuch Einsicht gestatten (§ 32); die Genossenschaft kann aufgelöst werden, wenn andere als die im Genossenschaftsgesetz vorgesehenen Zwecke verfolgt oder Handlungen begangen werden, die das Gemeinwohl gefährden (§ 34); Strafen werden gegen Vorstandsmitglieder vorgesehen, die die Erörterung öffentlicher Angelegenheiten in der Generalversammlung zulassen (§ 26). Übrigens enthielt das Gesetz von 1867 eine Bestimmung, die diesem Gesetz einen Vorzug vor dem von 1889 gibt: Im Konkursfall wird für die Konkurseröffnung eine Frist von acht Tagen gegeben, innerhalb deren die Deckung der Unterbilanz beschafft werden konnte. Eine solche sehr wertvolle Bestimmung fehlt in der heutigen Gesetzgebung.

Das Gesetz von 1868 enthielt einige Verbesserungen des Umlageverfahrens (§§ 52—54).

Betrachtet man den Einfluß der Gesetzgebung von 1867/68 auf die Entwicklung des Genossenschaftswesens, so ist zu berücksichtigen, daß die Gesetze gewissermaßen vorhandene Verhältnisse sanktionierten und keine Neuerungen schufen. So bedeutungsvoll daher auch die gesetzliche Anerkennung für die Genossenschaften war, wurden doch durch die Gesetzgebung dieser keine neuen Wege geebnet.

Anders war die Wirkung des Gesetzes von 1889. Die wichtigsten Änderungen des Genossenschaftsrechts infolge des Gesetzes von 1889 sind: die Zulassung von Genossenschaften mit beschränkter Haftpflicht; zweckentsprechende Regelung des Haftvollzugs; Sicherung des Erwerbs und Verlusts der Mitgliedschaft; die Revision der Genossenschaft; Beschränkung des Geschäftsbetriebes auf den Kreis der Mitglieder für Konsumvereine und Kreditgenossenschaften; Zulassung der Bildung von Genossenschaften aus Genossenschaften. Der Aufsichtsrat wurde durch das Gesetz obligatorisch, desgleichen die Bildung des Reservefonds, und für den Vorstand wurde bestimmt, daß er aus mindestens zwei Mitgliedern bestehen müsse. Wir sehen hier also die Schaffung vollkommen neuer Richtungen, insbesondere durch Zulassung der Genossenschaften mit beschränkter Haftpflicht und der Mitgliedschaft von Genossenschaften bei Genossenschaften, dann die Förderung der Bildung von Genossenschaftsverbänden durch die Einführung der obligatorischen Verbandsrevision. So mußte das Genossenschaftsgesetz von 1889 von ganz anderem Einfluß auf die Entwicklung des Genossenschaftswesens werden, wie die Gesetzgebung von 1867/68. Es begann die außerordentlich starke Entwicklung aller jener Genossenschaftsarten, die mit der beschränkten Haftpflicht auskommen, und es setzte die geschäftliche Zentralisation der Genossenschaften ein, nachdem die Mitgliedschaft von Genossenschaften bei Genossenschaften durch das Gesetz gestattet war. Jene Bestimmungen des Gesetzes, die der Beschränkung des Geschäftsbetriebes auf den Kreis der Mitglieder dienten, blieben ohne erheblichen Einfluß auf die Gestaltung, d. h. sie hemmten nicht die Entwicklung der Genossenschaften. Die Beschränkung des Geschäftsbetriebes auf den Kreis der Mitglieder war bei den Kreditgenossenschaften meist üblich. Insoweit in erheblichem Umfange eine Ausdehnung auf Nichtmitglieder vorkam, wandelten sich meist die Kreditgenossenschaften in Aktiengesellschaften um, oder die Genossenschaft nahm die beschränkte Haftpflicht an, wodurch der Kreis der Mitglieder sich leicht erweitern ließ. Auch die Verschärfung der für den Geschäftsbetrieb der Konsumvereine geltenden einschränkenden Vorschriften übte gar keinen Einfluß aus, weil den Konsumvereinen der Weg der beschränkten Haftpflicht mit niedrigen Geschäftsanteilen und minimalen Einzahlungen auf Geschäftsanteil offen stand.

Das Gesetz vom 12. August 1896 brachte vor allem weitere Beschränkungen für den Geschäftsbetrieb der Konsumvereine, die wiederum ohne den erwarteten Erfolg blieben, und regelte einige die ländlichen Darlehnskassen betreffenden Verhältnisse.

Art. 10 des Einführungsgesetzes zum Handelsgesetzbuch paßte das Genossenschaftsgesetz an das neue Handelsgesetzbuch und das Bürgerliche Gesetzbuch an. Die wichtigste Neuerung, die es enthielt, war die Einführung des Nichtigkeitsverfahrens.

Weitere die Genossenschaften berührende Gesetze: In dem

Hypothekenbankgesetz vom 13. Juli 1899 ist der Geschäftsbetrieb der Hypothekenbanken nach Maßgabe des Gesetzes in der Form der eingetragenen Genossenschaft verboten. Nach dem Gesetz, betreffend die Privatversicherung vom 12. Mai 1901 dürfen Personenvereinigungen, welche die Versicherung ihrer Mitglieder nach dem Grundsatze der Gegenseitigkeit betreiben wollen, dieses nur als Versicherungsvereine auf Gegenseitigkeit nach Maßgabe des Privatversicherungsgesetzes tun. Nach dem Gesetz vom 25. Oktober 1867 ist zulässig die Bildung von Reedereigenossenschaften und die Führung der Landesflagge durch die Schiffe der Genossenschaft. Nach dem Gesetz über das Auswanderungswesen vom 9. Juni 1897 kann die Erlaubnis zur Beförderung von Auswanderern an eingetragene Genossenschaften erteilt werden, die ihren Sitz im Reichsgebiet haben. Die Novelle, betreffend die Abänderung der Gewerbeordnung vom 6. August 1896 erklärte gewisse Bestimmungen auf die Konsumvereine für anwendbar. Dazu kommen dann noch die insbesondere in Preußen erlassenen Gesetze zur Förderung des Genossenschaftswesens. Dahin gehört vor allem das preußische Gesetz, betreffend die Errichtung einer Zentralanstalt zur Förderung des genossenschaftlichen Personalkredits vom 31. Juli 1895 (mit späteren Kapitalserhöhungen); die Gesetze vom 3. Dezember 1896, 8. Juni 1897 für die Errichtung landwirtschaftlicher Getreidelagerhäuser; das bayrische Gesetz vom 11. Juni 1894, betreffend die Gewährung eines unverzinslichen Betriebsvorschusses an die Vereine des Landesverbandes landwirtschaftlicher Darlehnskassen; das bayrische Gesetz vom 17. Juni 1896, betreffend die Gründung der bayrischen landwirtschaftlichen Bank, e. G. m. b. H. Staatliche Subventionen an Genossenschaften sind in der Regel durch die Etats erledigt; so in Sachsen, Württemberg, Baden, Hessen usw.

§ 9.

Organisation der Genossenschaft.

Die Genossenschaft besitzt Rechtspersönlichkeit, d. h. sie hat als solche selbständig Rechte und Pflichten, sie kann Eigentum und andere dingliche Rechte an Grundstücken erwerben, vor Gericht klagen und verklagt werden. Abgesehen hiervon verbleibt es bei den allgemeinen Erwerbsbeschränkungen nach Art. 86, Einführungsgesetz zum Bürgerlichen Gesetzbuch. Die Rechtspersönlichkeit wird erlangt durch Eintragung des Statuts in das Genossenschaftsregister

nach gerichtlicher Prüfung des Statuts (§§ 17, 13). Die Genossenschaft muß einen Vorstand und einen Aufsichtsrat haben, deren Mitglieder Genossen sein müssen (§ 9). Der Vorstand ist der gesetzliche Vertreter der Genossenschaft, er vertritt sie gerichtlich und
außergerichtlich. Er besteht. aus mindestens zwei Mitgliedern.
Weniger als zwei Vorstandsmitglieder dürfen für die Willenserklä-
rungen der Genossenschaft nicht bestimmt werden. Der Vorstand
ist in der Vertretungsbefugnis unbeschränkt und unbeschränkbar. Der
Aufsichtsrat besteht aus mindestens drei von der Generalversammlung zu wählenden Mitgliedern. Verboten ist eine nach dem Ge-
schäftsergebnis bemessene Vergütung für den Aufsichtsrat. In den
Händen des Vorstandes liegt die Geschäftsführung — dem Aufsichtsrat ist die Kontrolle zugeteilt. Streng getrennt sind die Obliegen-
heiten der beiden Organe der Genossenschaft. Dies geht so weit,
daß ein Mitglied des Aufsichtsrats, das ein Vorstandsmitglied vertreten hat, während dieses Zeitraums und bis zur erteilten Ent-
lastung eine Tätigkeit als Mitglied des Aufsichtsrats nicht ausüben
darf. Vorstand und Aufsichtsrat sind koordiniert, obgleich der Aufsichtsrat befugt ist, nach seinem Ermessen Mitglieder des Vorstandes
vorläufig bis zur Entscheidung der ohne Verzug zu berufenden
Generalversammlung von ihren Geschäften zu entheben. Nach § 27
Abs. 2 erscheint es zulässig, daß neben Generalversammlung, Vorstand und Aufsichtsrat noch ein weiteres Organ eingesetzt wird.
Die Generalversammlung besteht aus den Mitgliedern der Genossenschaft. Jeder Genosse hat eine Stimme. Das Stimmrecht kann nicht
durch Bevollmächtigte ausgeübt werden, abgesehen von den Fällen,
in denen es sich um handlungsunfähige Personen, Korporationen,
Handelsgesellschaften, Genossenschaften oder andere Personenvereine,
Vertretung von Erben handelt, oder wenn das Statut die Teilnahme
von Frauen an der Generalversammlung ausschließt. Unter gewissen, im Gesetz näher bestimmten Bedingungen ist ein bestimmter
·Teil der Mitglieder befugt, mit gerichtlicher Ermächtigung Generalversammlungen einzuberufen oder Anträge auf die Tagesordnung
der Generalversammlung zu setzen. Die Generalversammlung ist
das höchste Organ der Genossenschaft; sie hat über die Genehmi-
gung der Bilanz zu beschließen, sie hat die Statuten festzustellen,
abzuändern, sie hat die Aufsichtsratsmitglieder zu wählen usw.

Das Vereinsvermögen wird gebildet aus den Geschäftsguthaben
der Mitglieder und den Reserven. Das Statut hat zu bestimmen den
Betrag (Geschäftsanteil), bis zu welchem sich die einzelnen Genossen
mit Einlagen beteiligen können, sowie die Einzahlungen auf den
Geschäftsanteil, zu. denen jeder Genosse verpflichtet ist, und ferner

die Bildung eines Reservefonds, welcher zur Deckung eines sich aus der Bilanz ergebenden Verlustes zu dienen hat, sowie die Art dieser Bildung, insbesondere den Teil des jährlichen Reingewinns, der in den Reservefonds einzustellen ist und den Mindestbetrag des letzteren, bis zu dessen Erreichung die Einstellung zu erfolgen hat.

Geschäftsanteil bedeutet den Höchstbetrag der statthaften Mitgliedereinlagen, wogegen der jeweilige Betrag, den das Kapitalkonto eines Genossen erreicht, mit Geschäftsguthaben bezeichnet wird. Die Bildung der Geschäftsguthaben erfolgt durch bare Einzahlung und zugeschriebene Dividende; Bildung durch Sacheinlagen (wie bei Aktiengesellschaften und Gesellschaften mit beschränkter Haftung) ist nicht zugelassen. Findet sich das Geschäftsguthaben auch als Kapitalbeteiligung der Mitglieder unter den Passiven, so hat doch gleichzeitig jedes Mitglied auf sein Geschäftsguthaben einen gewissen Anspruch, der bedingt ist durch die Beendung der Mitgliedschaft und in der Höhe beeinflußt wird durch die Vermögenslage. Scheidet ein Mitglied aus, was nur zum Schluß des Geschäftsjahres erfolgen kann, so erfolgt mit ihm die Auseinandersetzung nach § 73 des Gesetzes.

Erwerb und Verlust der Mitgliedschaft haben eine besondere Regelung erfahren. Bis zur Errichtung der Genossenschaft wird die Mitgliedschaft erworben durch Unterschrift des Statuts. Nach der Anmeldung des Statuts bedarf es zum Erwerb der Mitgliedschaft einer von den Beitretenden zu unterzeichnenden unbedingten Erklärung des Beitritts. Die Mitgliedschaft entsteht aber erst durch Eintragung in die vom Gericht geführte Liste der Genossen. Ebenso wie die Entstehung der Mitgliedschaft ist auch das Ausscheiden aus der Genossenschaft von der Eintragung in die Liste abhängig. Der Austritt darf (ausgenommen den Fall des Ausscheidens durch Übertragung des Geschäftsguthabens, wobei eine Auseinandersetzung nicht erfolgt) nur zum Schluß des Geschäftsjahres, d. h. der Geschäftsperiode, erfolgen. Die materiellen Gründe für die Beendigung der Mitgliedschaft sind: Aufkündigung des Genossen, Aufkündigung des· Gläubigers eines Genossen, Ausschließung durch die Genossenschaft, Tod eines Genossen, Verlegung des Wohnsitzes aus dem Vereinsbezirk bei den Genossenschaften, die statutengemäß die Mitgliedschaft an den Wohnsitz in einem bestimmten Bezirk knüpfen, Übertragung des Geschäftsguthabens. Die Beendigung der Mitgliedschaft wird mit Ausnahme des Todesfalles jedoch allein durch die Eintragung in die Liste bewirkt. Ist die Beendigung der Mitgliedschaft eingetreten, so erfolgt die Auseinandersetzung nach § 73 des Gesetzes, wobei das Mitglied sein Geschäftsguthaben, insoweit es nach der Vermögenslage der Genossenschaft vorhanden, herausverlangen kann; andernfalls ist das Mitglied zur Tragung des auf ihn fallenden Verlustanteils heranzuziehen und zwar aus der persönlichen Haftpflicht. Ist diese unbeschränkt, so ist der persönlichen Haftpflicht keine Grenze gezogen, andernfalls ergibt sich diese aus der Haftsumme bei der persönlichen Haftpflicht.

Zur besonderen Eigenart der Genossenschaft gehört die persönliche Haftpflicht und der Haftvollzug in diese. Die ersten Genossenschaften beruhten auf der unbeschränkten Solidarhaft der Mitglieder. Nachdem die Genossenschaft Rechtspersönlichkeit erlangt, konnte der Gläubiger nur wegen des im Genossenschaftskonkurs erlittenen Ausfalles einen Genossen in Anspruch nehmen. Es war aus der prinzipalen eine subsidiäre bürgschaftsähnliche Haftung geworden. In dem sächsischen und bayerischen Gesetz nur war die Haftpflicht anders geregelt. In Deutschland gelangte das Prinzip der unbeschränkten Solidarhaft zur ausschließlichen Herrschaft. Schulze-Delitzsch hielt lange Zeit unbedingt an der alleinigen Geltung der unbeschränkten Haftpflicht fest. Nur sehr allmählich vollzog sich ein Umschwung in den Anschauungen. Entscheidend war vor allem der Umstand, daß während der Krisis der 70er Jahre bei einzelnen Genossenschaften schwere Zusammenbrüche zu verzeichnen waren. Dazu kam dann noch, daß der Weg jenen Genossenschaften, die der unbeschränkten Haftpflicht entbehren konnten, geebnet werden sollte. Schon auf dem Vereinstage zu Altona im August 1880 hatte Schulze-Delitzsch einen Ausspruch beantragt, wonach es unter Umständen für zulässig zu erachten, daß „neben den nach wie vor auf der unbeschränkten Solidarhaft beruhenden Genossenschaften noch eine zweite Klasse ebenfalls mit solidarer persönlicher, aber durch eine bestimmte Summe für jeden einzelnen Genossen begrenzte Haft zugelassen werden könne." Als dann die Gefahr drohte, daß die Genossenschaften staatlicher oder kommunaler Aufsicht unterstellt werden könnten (Antrag Ackermann), machte Schulze-Delitzsch ganz bestimmte Konzessionen für die Zulassung der beschränkten Haftpflicht. Allerdings unter Wahrung bestimmter Voraussetzungen. Er verlangte für die beschränkte Haftpflicht die beschränkte Garantiehaft, für die zuerst Professor Goldschmidt auf dem deutschen Juristentag im August 1869 eingetreten war. Nach der heutigen Gesetzgebung besteht bei allen Genossenschaften neben der Kapitalbeteiligung noch eine persönliche Haftpflicht der Mitglieder, diese ist aber bei den Genossenschaften mit beschränkter Haftpflicht durch die Haftsumme begrenzt. Das Gesetz enthält verschiedene für die Genossenschaften mit beschränkter Haftpflicht geltende Besonderheiten, die sich aus der Beschränkung der Haftpflicht ergeben, dahin gehört

z. B., daß bei Genossenschaften mit beschränkter Haftpflicht das Mitglied mehrere Geschäftsanteile erwerben kann.

Im engsten Zusammenhang mit der persönlichen Haftpflicht steht der Haftvollzug. Die Vorschriften des Gesetzes von 1868 über den Haftvollzug hatten sich als der Verbesserung dringend bedürftig erwiesen, denn sie sicherten nicht die Deckung der Unterbilanz schon während des Laufes des Konkursverfahrens. Schulze-Delitzsch schlug verschiedene Verbesserungen des Umlageverfahrens vor, die die Sicherung der Deckung der Unterbilanz schaffen sollten, er wollte damit das einzelne Mitglied dem Einzelangriff entziehen. Der Entwurf zum Gesetz von 1889 brachte ein Umlageverfahren, das allen Ansprüchen zu genügen schien. Die „Nachschußpflicht" der Mitglieder wurde als eine selbständige Verbindlichkeit der Genossen gegenüber der Genossenschaft und demnach der Anspruch auf die Nachschüsse als ein Bestandteil des Vermögens der Genossenschaft behandelt, der allerdings in seiner Entstehung durch den Eintritt des Konkurses bedingt und in seinem Umfange durch dessen Ausgang begrenzt ist. Das Nachschußverfahren ist ein selbständiger Teil des Konkursverfahrens. Unter den Genossenschaften entstand lebhafter Streit, ob daneben noch es bei dem Einzelangriff bleiben sollte. Es kam im Reichstag zu einem Kompromiß, es wurde noch eine dritte Haftart eingefügt, die Genossenschaft mit unbeschränkter Nachschußpflicht, die im Umfang der persönlichen Haftpflicht der unbeschränkten Haftpflicht gleich steht, aber sich von dieser dadurch unterscheidet, daß die Gläubiger bei ihrer Befriedigung allein auf das Umlageverfahren angewiesen sind. In der Praxis hat diese Haftart keinen Boden gewonnen. Auch bei der unbeschränkten Haftpflicht und beschränkten Haftpflicht ist das Umlageverfahren derart geregelt, daß nur in dem allerseltensten Fall noch Raum für den Einzelangriff der Gläubiger gegenüber den Mitgliedern bleibt.

Die persönliche Haftpflicht kommt in der Bilanz der Genossenschaft nicht zum Ausdruck. Nur für die beschränkte Haftpflicht bestimmt das Gesetz in § 139, daß mit der Bilanz bekannt gegeben werden muß der Gesamtbetrag, um welchen in dem Jahr die Geschäftsguthaben sowie die Haftsumme der Genossen sich vermehrt oder vermindert haben, und der Betrag der Haftsumme, für welche am Jahresschluß alle Genossen zusammen aufzukommen haben. Eine Bestimmung von zweifelhaftem Wert, da die Gesamthaftsumme in der Regel nur auf dem Papier steht, weil die Mitglieder oft nicht bis zu der Haftsumme, bis zu der sie haftbar sind, auch vermögensfähig sind.

In Anspruch genommen aus der persönlichen Haftpflicht kann

ein Mitglied nur in zwei Fällen werden: entweder wenn es zum Konkurs der Genossenschaft kommt, oder wenn sich bei dem Ausscheiden aus der Genossenschaft ergibt, daß das Vermögen einschließlich des Reservefonds und aller Geschäftsguthaben zur Deckung der Schulden nicht ausreicht. Dann hat der Ausgeschiedene von dem Fehlbetrage den ihn treffenden Anteil an die Genossenschaft zu zahlen, der bei der beschränkten Haftpflicht durch die Haftsumme begrenzt ist.

Das Konkursverfahren findet statt im Falle der Zahlungsunfähigkeit, nach Auflösung der Genossenschaft auch im Falle der Überschuldung. Bei Genossenschaften mit beschränkter Haftpflicht führt auch Überschuldung bei Bestehen der Genossenschaft zum Konkurse, sofern sie ein Viertel des Betrages der Haftsumme aller Genossen übersteigt.

Das Umlageverfahren ist geregelt durch § 105 ff. Seine Leitung liegt in den Händen des Konkursverwalters. Soweit die Konkursgläubiger wegen ihrer bei der Schlußverteilung berücksichtigten Forderungen aus dem zur Zeit der Eröffnung des Konkursverfahrens vorhandenen Vermögen der Genossenschaft nicht befriedigt werden, sind die Genossen verpflichtet, Nachschüsse zur Konkursmasse zu leisten. Das durch das Gesetz geregelte Verfahren bürgt dafür, daß während des Konkurses die Nachschüsse beigetrieben werden, die zur Deckung des Ausfalls der Gläubiger erforderlich sind, insoweit überhaupt die persönliche Haftpflicht der Mitglieder und ihre Vermögensfähigkeit die Aufbringung dieser Deckung, sei es dem Umfang der persönlichen Haftpflicht nach, sei es nach Maßgabe der Leistungsfähigkeit der Mitglieder, gestattet.

Der direkte Angriff ist bei den Genossenschaften mit unbeschränkter Haftpflicht und mit beschränkter Haftpflicht nur unter den Beschränkungen des § 122 zulässig, er ist bei der Genossenschaft mit unbeschränkter Nachschußpflicht ersetzt durch ein zweites auf die früher ausgeschiedenen Mitglieder sich erstreckendes Umlageverfahren nach Maßgabe des § 128.

Wie das Gesetz von 1867/68 enthält auch das Gesetz von 1889 und 1896 jene Schutzbestimmungen, die entstanden sind aus Mißtrauen gegen die Genossenschaften: Einsicht der Staatsbehörden in das über die Beschlüsse der Generalversammlung zu führende Protokollbuch (§ 47) — Auflösung der Genossenschaft, wenn sie sich gesetzwidriger Handlungen oder Unterlassungen schuldig macht, durch welche das Gemeinwohl gefährdet wird, oder wenn sie andere als die in diesem Gesetz bezeichneten geschäftlichen Zwecke verfolgt

(§ 81) — Bestrafung von Vorstandsmitgliedern, wenn ihre Handlungen auf andere als die in § 1 erwähnten geschäftlichen Zwecke gerichtet sind, oder wenn sie in der Generalversammlung die Erörterung von Anträgen gestatten oder nicht hindern, welche auf öffentliche Angelegenheiten gerichtet sind, deren Erörterung unter die Gesetze über das Versammlungs- und Vereinsrecht fällt (§ 149).

Von besonderer Bedeutung für die Entwicklung der Genossenschaften ist der vierte Abschnitt geworden, der die „Revision" behandelt. Nach § 53 sind die Einrichtungen der Genossenschaft und die Geschäftsführung derselben in allen Zweigen der Verwaltung mindestens in jedem zweiten Jahr der Prüfung durch einen der Genossenschaft nicht angehörigen sachverständigen Revisor zu unterwerfen. Für Genossenschaften, die einem den Bestimmungen des Gesetzes entsprechenden Verband angehören, ist diesem das Recht zu verleihen, den Revisor zu bestellen. Bei anderen Genossenschaften erfolgt die Bestellung des Revisors durch das Gericht. Den Verbänden, für deren Statut § 56 nähere Bestimmungen enthält, wird die Verleihung des Rechtes zur Bestellung des Revisors, wenn der Bezirk des Verbandes sich über mehrere Bundesstaaten erstreckt, durch den Bundesrat, andernfalls durch die Zentralbehörde des Bundesstaates verliehen. Ein gewisses Aufsichtsrecht gegenüber diesen Verbänden ist der Regierung dadurch eingeräumt, daß die Generalversammlungen der Verbände der höheren Verwaltungsbehörde anzuzeigen sind, die das Recht hat, in die Versammlungen einen Vertreter zu entsenden. Das Gesetz enthält keinerlei Zwangsmaßregeln gegenüber den Genossenschaften, die die Beachtung der vom Revisor gezogenen Erinnerungen sichern. Nach dem Gesetz ist die Genossenschaft nur verpflichtet, eine Bescheinigung des Revisors dahingehend, daß und wann die Revision vorgenommen ist, dem Gericht einzureichen. Der durch den vom Gericht bestellten Revisor vorzunehmenden Revision ist eine praktische Bedeutung kaum beizumessen. Auch der Wert der Verbandsrevision beruht wesentlich in der Erkenntnis und Würdigung der Bedeutung derselben durch die betreffenden Genossenschaften. So hat denn auch der Allgemeine Genossenschaftstag zu Kassel (1906) den nachstehenden Beschluß gefaßt:

„Die durch § 53 und 55 des Genossenschaftsgesetzes vorgeschriebene „Verbandsrevision" hat lediglich den Zweck, die Organe der Genossenschaft in der Vervollkommnung der geschäftlichen Einrichtungen und der Beseitigung von Mißständen zu unterstützen. Die Erfüllung der Aufgabe kann nicht gesichert werden durch Einführung von Zwangsmaßregeln in die Organisation, sondern nur durch Hebung des Verständnisses der Organe der Genossenschaft für die Zwecke der Revision.

Die in den Beschlüssen des Allgemeinen Vereinstages zu Plauen (1887), der Allgemeinen Genossenschaftstage zu Gotha (1894), zu Augsburg (1895), zu Baden-Baden (1901) festgelegten Revisionsgrundsätze sind auch den heutigen Verhältnissen entsprechend. Der Allgemeine Genossenschaftstag empfiehlt deshalb den Revisionsverbänden wie den Genossenschaften deren strengste Beachtung."

Die Auflösung der Genossenschaft erfolgt durch Auflösungsbeschluß der Generalversammlung, — durch Ablauf der statutarisch bestimmten Zeit, — zufolge Herabsinkens des Mitgliederbestandes unter sieben durch das Gericht — durch die Staatsbehörde in dem oben erwähnten Fall des § 81 — durch Konkurseröffnung. Ferner kann die Genossenschaft noch ihr Ende erreichen infolge des Nichtigkeitsverfahrens, wenn nämlich das Statut die für dasselbe wesentlichen Bestimmungen entweder nicht enthält oder in einer Fassung, nach der die Bestimmung nichtig ist (§§ 94 ff.). An die Auflösung schließt sich des Liquidationsverfahren nach Maßgabe der §§ 83 ff. des Gesetzes an.

In den in § 160 bezeichneten Fällen ist dem Gericht eine Kontrolle in der Weise zugewiesen, daß eintretenden Falls das Gericht durch Ordnungsstrafen die Mitglieder des Vorstandes zur Befolgung der in den dort angezogenen Paragraphen enthaltenen Vorschriften anzuhalten hätte.

Besonderer Erwähnung bedarf endlich der § 8, Abs. 2 und 4. Die Stellen lauten:

„Genossenschaften, bei welchen die Gewährung von Darlehen Zweck des Unternehmens ist, dürfen ihren Geschäftsbetrieb, soweit er in einer diesen Zweck verfolgenden Darlehnsgewährung besteht, nicht auf andere Personen außer den Mitgliedern ausdehnen. Darlehnsgewährungen, welche nur die Anlegung von Geldbeständen bezwecken, fallen nicht unter dieses Verbot."

„Konsumvereine dürfen im regelmäßigen Geschäftsverkehr Waren nur an ihre Mitglieder oder deren Vertreter verkaufen. Diese Beschränkung findet auf landwirtschaftliche Konsumvereine, welche ohne Haltung eines offenen Ladens die Vermittlung des Bezugs von ihrer Natur nach ausschließlich für den landwirtschaftlichen Betrieb bestimmten Waren besorgen, hinsichtlich dieser Waren keine Anwendung."

Während im ersteren Fall bei Übertretung nur § 160 es dem Gericht überläßt, die Mitglieder des Vorstandes zur Befolgung durch Ordnungsstrafen anzuhalten, enthält das Gesetz für den Fall der Übertretung der für Konsumvereine geltenden Vorschriften Straf-

bestimmungen. Schon § 31 verlangt, daß der Vorstand eine Anweisung erläßt, auf welche Weise sich die Vereinsmitglieder oder
deren Vertreter den Warenverkäufern gegenüber zu legitimieren haben.
Und Abschrift der Anweisung ist der höheren Verwaltungsbehörde
unverzüglich einzureichen. Sodann bedroht § 152 die Warenverkäufer,
wenn sie wissentlich oder ohne Beobachtung der erhaltenen Anweisung
Waren an andere Personen als an Mitglieder abgeben, mit Strafe.
Strafe trifft das Mitglied, das seine Legitimation einem Dritten
zum Zweck unbefugter Warenentnahme überläßt. Und bestraft werden auch diese Dritten. Nach § 153 wird bestraft, wer Waren, die
er aus dem Konsumverein oder von einem mit diesem wegen Warenabgabe in Verbindung stehenden Gewerbetreibenden auf Grund seiner
Mitgliedschaft bezogen hat, gegen Entgelt, gewohnheits- oder gewerbsmäßig an Nichtmitglieder veräußert. Alle diese Strafbestimmungen sind bestimmt, dem Kleinhändler die Konkurrenz der Konsumvereine weniger fühlbar zu machen. Sie sind, wie nicht anders
zu erwarten war, ein Schlag ins Wasser gewesen. Die Konsumvereine haben den Beitritt derart erleichtert, daß sie der Warenabgabe
an Nichtmitglieder durchaus entbehren können. Eher haben jene
Strafbestimmungen noch als Reklame für die Konsumvereine gedient.

§ 10.

Das landwirtschaftliche Genossenschaftswesen.

Bereits der Allgemeine Vereinstag zu Potsdam im Jahre 1862
empfahl den Vorschußkassen: ihre Einrichtungen nicht ausschließlich
dem Bedürfnis der unbemittelten Handwerker und Arbeiter anzupassen, vielmehr die Beteiligung des städtischen Mittelstandes sowie
der benachbarten Landbewohner anzustreben.

In dem Wochenblatt der Annalen der Landwirtschaft in den
Königlich preußischen Staaten 1863, Nr. 6, 7, 8, 9, hat Theodor Freiherr v. d. Goltz die Möglichkeit und Zweckmäßigkeit landwirtschaftlicher Assoziationen nebst Vorschlägen zu deren Organisation in
geradezu vorbildlicher Weise behandelt. Es wird die Bedeutung
der Kreditgenossenschaft besprochen. Goltz verlangt nur, daß die Vor-
schüsse auf längere Zeit gegeben werden und die Verwaltung einfacher gestaltet werde. Von den landwirtschaftlichen Rohstoffgenossenschaften verspricht sich Goltz, daß durch sie der kleine Land-
mann auf die beste Weise in den Besitz der Betriebsmittel kommen
werde, die die landwirtschaftliche Erfahrung der Neuzeit als nötig
zu einer rationellen Wirtschaftsführung erkannt habe. Richtig be-

merkt er, daß bei den landwirtschaftlichen Gewerben eine gemeinsame Gesamtproduktion schwer ausführbar sein würde, dagegen sei wertvoll die genossenschaftliche Verbindung zur Erreichung einzelner produktiver Zwecke, dahin zählt er die Haltung von Zuchtvieh, die Benutzung von Geräten und Maschinen, die Verarbeitung landwirtschaftlicher Produkte. Goltz stellt ein dementsprechend aufgebautes System zusammen, bei dem er auch die Arbeiterfrage in den Kreis der Betrachtungen einbezieht und vor allem Regelung der Wohnungsfrage empfiehlt. Besonders beachtenswert ist Goltz's Stellung zur Staatshilfe, er schreibt: „Die Staatshilfe nehme man, soweit sich diese auf pekuniäre Unterstützung bezieht, nur im äußersten Notfall in Anspruch. Das Verlassen auf dieselbe lähmt das Interesse der Genossenschaftsmitglieder für die gemeinsame Sache, legt deren Energie Fesseln an, beeinträchtigt den Erfolg. Dagegen sehe es der Staat für seine würdige Aufgabe an, der Bildung von Genossenschaften durch entsprechende gesetzliche Vorschriften den möglichsten Vorschub zu leisten." Als Goltz dies schrieb, hatten die Genossenschaften noch nicht die gesetzliche Anerkennung erreicht.

Das landwirtschaftliche Genossenschaftswesen wurde einer der ersten Gegenstände der Beratung der im Februar 1868 in Berlin tagenden Versammlung des ersten Kongresses norddeutscher Landwirte. Dort wurde eine Resolution gefaßt, daß die Formen des Genossenschaftswesens vorzugsweise geeignet seien, die Interessen des landwirtschaftlichen Gewerbes zu sichern und zu fördern.

Auf die Gestaltung des landwirtschaftlichen Genossenschaftswesens hat einen großen Einfluß Raiffeisen ausgeübt.

Friedrich Wilhelm Raiffeisen ist 1818 zu Hamm, einem Orte unweit der Sieg geboren, wo sein Vater Bürgermeister war. Er trat als Freiwilliger in die Artilleriebrigade und wurde 1841 Feuerwerker. Er verließ frühzeitig den Militärdienst, trat bei der Regierung in Koblenz ein, wurde 1843 Kreissekretär in Mainz. Im Jahre 1848 erhielt er die Bürgermeisterei Flammersfeld zur Verwaltung, 1852 kam er nach Heddesdorf. Überall diente er der Förderung der Wohlfahrt. Raiffeisen kam mit seiner Behörde in Differenzen, so daß ihm bei seiner Neuwahl als Bürgermeister von Heddesdorf im Jahre 1865 die Bestätigung durch die Regierung in Koblenz versagt wurde. Nun widmete sich Raiffeisen vollständig dem Genossenschaftswesen. Wir sehen hier eine eigenartige Übereinstimmung in den Schicksalen zwischen Schulze-Delitzsch und Raiffeisen. Allerdings erfreute sich letzterer in späteren Jahren wieder einer weitgehenden Anerkennung bei der Regierung. Raiffeisen mußte sich nach seiner Nichtbestätigung eine selbständige Existenz schaffen, er gründete zuerst eine Zigarrenfabrik, darauf eine Weinhandlung, die sich zu einem ganz bedeutenden Geschäft entwickelte. Im Jahre 1881 übertrug Raiffeisen sein Privatgeschäft an die Firma Raiffeisen, Faßbender und Konsorten. Raiffeisen starb am 11. März 1888. Die Firma Raiffeisen, Faßbender und Konsorten erlangte eine große Bedeutung für die Entwicklung des ländlichen Genossenschaftswesens. Keineswegs war die Einwirkung aber stets eine günstige. Was Raiffeisen bei seinen Organisationen vorschwebte, war, wie Faßbender bemerkt, die Reform der heutigen gesellschaftlichen Zustände auf dem Grunde eines lebendigen Christentums. Er war religiöser Eklektiker, keine Konfession kann ihn als Anhänger zu den ihrigen zählen. Er vereinigte in sich „eine eigentümliche Mischung von idealistischer Schwärmerei und vorsichtiger Überlegung, und hatte einen Hang zu schulmeisterlicher Bevormundung seiner Umgebung." (Faßbender: „F. W. Raiffeisen.")

Raiffeisen hatte bereits in den vierziger Jahren als Bürgermeister von Weyerbusch und Flammersfeld Anregung zu gemeinnützigen Veranstaltungen gegeben. Im Winter 1846/47 bildete er in Weyerbusch eine Bezugsgenossenschaft, die den Zweck hatte, Brotfrucht und Kartoffeln aus ferneren Gegenden herbeizuschaffen. Die Genossenschaft war vor allem für die armen Leute bestimmt. Als Bürgermeister von Flammersfeld gründete Raiffeisen 1849 den Flammersfelder Hilfsverein zur Unterstützung unbemittelter Landwirte. Später folgte der Heddesdorfer Wohltätigkeitsverein. Erst im Jahre 1864 wurde der letztere in eine Genossenschaft umgewandelt. Raiffeisen war mit Schulze-Delitzsch in Briefwechsel getreten. Er äußert sich in einem Schriftstück, das Faßbender mitteilt, dahin: „Nach den gemachten Erfahrungen muß ich Schulze-Delitzsch auf das vollständigste dahin recht geben, daß derartige Vereine nur dann lebensfähig sind und bestehen können, wenn sie auf die unbedingte Selbsthilfe gegründet, d. h. nur aus solchen Personen gebildet sind, welche der Hilfe persönlich bedürfen. Um nicht auch hier wie in Flammersfeld dieselben traurigen Erfahrungen zu machen, faßte ich den Entschluß, der Auflösung des Vereins nicht ferner entgegenzuwirken und beizeiten einen Verein auf der berührten Grundlage zu bilden. Es ist mir dieses bereits in erfreulicher Weise gelungen, und zwar ganz nach Art der von Schulze-Delitzsch gegründeten Vereine." Dieser Heddesdorfer Darlehnskassenverein beschloß 1865 den Anschluß an den Schulze-Delitzschschen Anwaltschaftsverband. Zum Beitritt ist es jedoch nicht gekommen.

Außer dem Heddesdorfer Verein bestand damals noch ein Darlehnskassenverein für das Kirchspiel Anhausen. Diesen letzteren

Verein benutzte Raiffeisen trotz der Erfolge in Heddesdorf schließlich als Vorbild. Sein e Einrichtungen wurden maßgebend. Als besondere Eigentümlichkeiten des Anhausener Vereins kommen in Betracht, daß die Mitglieder weder Eintrittsgeld noch Einlagen zahlen, aber auch keinen Anteil am Gewinn haben; dieser verbleibt nach Abzug der verhältnismäßig geringen Unkosten als wirkliches Vereinsvermögen. Raiffeisen hatte übrigens selbst noch versucht, die Mitglieder zur Annahme der Heddesdorfer Grundsätze zu bestimmen. Für den Anhausener Verein war maßgebend der Grundsatz der Beschränkung auf einen kleinen Vereinsbezirk.

Für die Abwendung Raiffeisens von Schulze kommen nach Faßbender vier Momente in Betracht: „1. der Zwang der gegebenen Verhältnisse (arme ländliche Bezirke); 2. die auf dem Wege einfacher Schlußfolgerung auf Grund jener Verhältnisse (Anhausen) geschaffenen Einrichtungen; 3. das Festhalten an der christlich-charitativen Idee der Fürsorge für die Unbemittelten und Hilflosen und 4. die Absicht eines erzieblichen Einflusses auf die Masse der Genossen. Und zwar nicht allein durch Einwirkung auf die freie aus ethischen Motiven hervorgehende Willensentscheidung, sondern auch unter Anwendung von verschiedenen, mit innerer Notwendigkeit wirkenden Zwangsmaßregeln. . . . In dem zufälligen Anschluß an die Dorfgemeinde und dem durch die Verhältnisse bedingten Ausschluß der Geschäftsanteile in Anhausen, also in gegebenen Zuständen und nicht in einer klar durchdachten Theorie haben wir den Ausgangspunkt und die Grundelemente der Entwicklung der ländlichen Genossenschaft zu erblicken." Zweifellos liegen hier auch Anklänge an den französischen Sozialisten Buchez vor.

Mehr und mehr trat eine Trennung zwischen Raiffeisenschen und Schulze-Delitzschschen Grundsätzen ein, sowohl in der Frage der Geschäftsanteilsbildung wie insbesondere auch in der Befristung der Kredite. Eine umfangreiche Literatur ist das Ergebnis. Heute dürfte darüber wohl kaum mehr Streit bestehen, daß die von Raiffeisen vertretene langbefristete Kreditgewährung mit gesunden geschäftlichen Grundsätzen der Genossenschaften nicht vereinbar ist. Und die Geschäftsanteilsbildung ist auch von den ländlichen Darlehnskassen aufgenommen. Bleibt als Unterschied von Bedeutung die bei den Raiffeisenschen Vereinen übliche unentgeltliche Verwaltung, die aber durchbrochen ist durch die Bezahlung der Rechner und auch heute bei den zu größerer geschäftlicher Tätigkeit entwickelten Kassen nicht mehr aufrecht erhalten wird.

Im Dezember 1869 beschloß die Generalversammlung in Heddesdorf, mit den übrigen Darlehnskassenvereinen zur Ausgleichung des

Geldüberflusses in Verbindung zu treten und darauf hinzuwirken, daß eine Zentralkasse unter gemeinschaftlicher Garantie gebildet würde. Der Beschluß war das Ergebnis einer Besprechung, bei der der Fürst zu Wied, der Oberpräsident der Rheinprovinz Pommer-Esche, die Professoren Nasse und Held mitgewirkt hatten. Im Mai 1872 erging ein Aufruf zur Schaffung einer Zentralstelle. Im Juni 1872 erfolgte die Gründung der rheinischen landwirtschaftlichen Genossenschaftsbank, April 1874 folgte eine Genossenschaftsbank für Hessen und die bayrische Pfalz und in dem gleichen Monat wurde die westfälische landwirtschaftliche Bank gegründet. Raiffeisen plante, eine landwirtschaftliche Generalbank als eingetragene Genossenschaft in engster Verbindung mit einer für die deutschen Landwirte bestimmten auf Gegenseitigkeit beruhenden Lebensversicherungsgesellschaft Arminia ins Dasein zu rufen. Im Juni 1874 wurde die Generalbank gegründet. Sowohl in der Bildung von Genossenschaften ohne Geschäftsanteil wie in der Vereinigung von Genossenschaften zu Genossenschaften lag eine Verletzung des Genossenschaftsgesetzes. Schulze-Delitzsch interpellierte deswegen im Jahre 1876 im Reichstag. Infolgedessen mußten die Generalbank wie auch die drei Provinzialbanken aufgelöst werden. Nunmehr wandelte Raiffeisen die rheinische landwirtschaftliche Bank in eine Aktiengesellschaft um und verlegte diese (1876) unter der Firma Landwirtschaftliche Zentral-Darlehnskasse nach Neuwied. Das Statut dieser Kasse bestimmt dieselbe förmlich zur Versteinerung, ist doch die Abänderung der Statuten bezüglich Zulassung der Aktionäre, Höhe der Dividenden, Ansammlung und Unteilbarkeit des Reservekapitals an die Zustimmung sämtlicher Aktionäre und die freiwillige Auflösung an die Zustimmung von mehr als zwei Dritteln der Stimmen sämtlicher Aktionäre gebunden. Vor dem Tode Raiffeisens wurde noch ein Beschluß dahin gehend gefaßt, daß die Errichtung einer landwirtschaftlichen Reichsbank ein dringendes Bedürfnis für die Befriedigung des landwirtschaftlichen Personalkredits sei.

Im Juni 1877 gründete Raiffeisen den Anwaltschaftsverband, der in vielen Beziehungen dem Schulze-Delitzschschen Verbande nachgebildet ist, aber sich von diesem wesentlich dadurch unterscheidet, daß er auf der Zentralisation beruht, während dem Schulze-Delitzschschen Verband die Dezentralisation eigen ist.

Besondere Schwierigkeiten ergaben sich für Raiffeisen aus der Deckung der durch den Verband entstehenden Kosten, da er im Gegensatz zu Schulze-Delitzsch die Genossenschaften selbst nicht heranziehen wollte. Er dachte zunächst an die Errichtung einer Art Brüdergemeinde. Dieser Gesellschaft sollten die der kaufmännischen

Firma Raiffeisen & Co. zu Neuwied gestellten Aufgaben überwiesen werden. Im Jahre 1881 wurde dann, wie bereits erwähnt, unter dem Namen Raiffeisen, Faßbender & Cons. eine Handelsgesellschaft gebildet, die als Ersatz für die Charitasgesellschaft dienen sollte. Die Gesellschaft wurde ein Glied der Neuwieder Organisation. So ergaben sich schließlich als Abteilungen derselben: 1. die Aktiengesellschaft Landwirtschaftliche Zentral-Darlehnskasse für Deutschland mit einer Reihe von Filialen; 2. der Generalanwaltschaftsverband ländlicher Genossenschaften für Deutschland mit der Aufgabe der Revision; 3. die offene Handelsgesellschaft Raiffeisen & Cons.; 4. besondere Landesgenossenschaften für einen Zusammenschluß der Betriebsgenossenschaften und zwar teils für den Geldverkehr, teils auch mit der Aufgabe der besseren Verwertung der landwirtschaftlichen Erzeugnisse der angeschlossenen Genossenschaften; 5. die deutsche Zentral-Produktions- und Verkaufsgenossenschaft als Korrelat der Zentralkasse mit der Aufgabe einer großen Handelsgesellschaft für den Absatz landwirtschaftlicher Erzeugnisse; 6. die Gesellschaft m. b. H. Unitas (Düngerfabrik) mit dem Sitz in Neerpelt belegen als Handhabe gegen den Ring der Düngerfabrikanten. Im Jahre 1899 fand eine wesentliche Umgestaltung der Organisation statt, deren bedeutungsvollster Schritt wohl darin bestand, daß die Firma Raiffeisen & Cons. in Liquidation trat und mit der Landwirtschaftlichen Zentral-Darlehnskasse verbunden wurde. Eigentum der Firma blieb nur die Druckerei. Näheres über jene Vorgänge bei Faßbender, S. 253 ff. Mit dieser Reorganisation war eigentlich erst der Stein ins Rollen gebracht. Schwere Angriffe wurden gegen das Geschäftsgebaren der Filialen gerichtet, gegen die hohen Verwaltungsunkosten, gegen die Verquickung der früheren Firma Raiffeisen & Cons. mit der Zentralkasse. Der Neuwieder Verband suchte, um aus allen diesen Schwierigkeiten herauszukommen, im Jahre 1904 den Ausweg einer Vereinigung mit dem Reichsverband der deutschen landwirtschaftlichen Genossenschaften, von der wohl behauptet werden kann, daß sie im wesentlichen nur auf dem Papier steht. Halten doch trotz der Vereinigung die beiden Verbände z. B. getrennte Vereinstage ab, zwischen denen jede Verbindung fehlt. Unmittelbar nach dieser Fusion wurde bekannt, daß die Landwirtschaftliche Zentral-Darlehnskasse ihren Reservefonds zur Begleichung von Verlusten in Höhe von ¾ Millionen Mark abschreiben mußte. Dabei stellte sich heraus, daß die Kasse allein an den Neuwieder Verband eine Forderung in Höhe von 215000 Mk. hatte. Da, wie oben erwähnt, die Kosten des Verbandes von der Firma Raiffeisen & Cons. getragen werden sollten, ward die Deckungspflicht von der Firma auf die Kasse bei der Übernahme der ersteren mit übergegangen. Von verschiedenen Seiten wurde der Kasse nunmehr geraten, Geld- und Warengeschäft zu trennen, weil die Verbindung ungeschäftlich sei. Dies geschah jedoch nicht. Bald wurden weitere Verluste der Kasse bei der Straßburger Getreideverwertungsgenossenschaft bekannt, die im Jahre 1906 in Liquidation ging. Dem Neuwieder Verband wurde zum Vorwurf gemacht, daß er bei der Ausführung der Revision nicht mit der nötigen Sorgfalt vorgegangen sei. Die Neuwieder Zentral-Darlehnskasse übernahm die Deckung des Verlustes in Höhe von 300 000 Mk.

Es gibt trotz der Fusion des Neuwieder Verbandes und des Reichsverbandes (auf letzteren kommen wir gleich zurück) auch heute kein einheitliches landwirtschaftliches Genossenschaftswesen. In dem ersteren Verband sind alle Systeme vertreten. Das Neuwieder System hat innerhalb des Reichsverbandes seine vollste Eigenart behauptet, und sucht dieselbe auch im Reichsverband nach Möglichkeit zur Geltung zu bringen. Die Eigenart des Neuwieder Systems wird von Hugenberg (Kreditwirtschaft) wie folgt geschildert: Die Darlehnskasse beschränkt sich auf den kleinsten Bezirk, sie erfaßt das gesamte geschäftliche Leben des Dorfes, erstreckt sich daher auf Ein- und Verkauf von Futter, Dungmitteln, Getreide usw. Sie braucht gleichwohl keine banktechnische Leitung. Die Kassen gehören provinziellen Verbandskassen an, die für sie den gesamten kaufmännischen Geschäftsbetrieb besorgen. Das System läuft für Preußen aus in der Preußischen Zentral-Genossenschaftskasse.

Vom Standpunkt der letzteren aus kann man allerdings wohl von einer Dezentralisation sprechen, vom Standpunkt der Genossenschaft aus haben wir es mit der engsten Zentralisation zu tun, die dauernd dadurch erhalten wird, daß von den einzelnen Genossenschaften die kaufmännische Leitung absichtlich ferngehalten wird.

Raiffeisen hatte engste Anlehnung an den landwirtschaftlichen Verein für Rheinpreußen genommen und Jahre hindurch eifrigste Unterstützung dort gefunden. Eine besondere Entwicklung nahm das Genossenschaftswesen in Hessen unter Leitung des damaligen Kreisassessors, späteren Geheimrats Haas. Der religiöse Mystizismus im Neuwieder Verband fand keinen Boden bei den Genossenschaftern in Hessen. Schließlich kam es zwischen Vertretern der landwirtschaftlichen Genossenschaften des südlichen und westlichen Deutschlands, Haas, Märklin-Karlsruhe und Weidenhammer einerseits und Schulze-Delitzsch zu einer Konferenz. Das Ergebnis war, daß im Jahre 1883 ein Aufruf zur Gründung einer Vereinigung von Molkereigenossenschaften und Bezugsgenossenschaften Deutschlands erging.

Schulze-Delitzsch hatte die Gründung eines besonderen landwirtschaftlichen Genossenschaftsverbandes unter Haas' Leitung befürwortet. 1883 wurde in Hamburg die Vereinigung der deutschen landwirtschaftlichen Genossenschaften gebildet, die im Jahre 1890 den Namen Allgemeiner Verband der deutschen landwirtschaftlichen Genossenschaften annahm und im Jahre 1903 sich die Bezeichnung Reichsverband der deutschen landwirtschaftlichen Genossenschaften gab. In den ersten Jahren hielt der Verband engste Fühlung mit dem Schulze-Delitzschschen Verband, und Haas selbst hat wiederholt auf Vereinstagen des letzteren die Gelegenheit ergriffen, um sich zu den Schulze-Delitzschschen Grundsätzen zu bekennen. Später hat der Reichsverband, wie wir gesehen, sich wieder Neuwied genähert und es kam zur Vereinigung mit diesem, wobei gleich auf dem nächsten Vereinstage ein Beschluß gefaßt wurde:

„Der XXI. deutsche landwirtschaftliche Genossenschaftstag erklärt:

1. Sittliche und religiöse Triebfedern waren es, die in den Gründern unseres Genossenschaftswesens gearbeitet haben und zur Bildung desselben nötigten.

2. Der ganze Zuschnitt unseres Genossenschaftswesens eröffnet ihnen ein weites Feld zu einer segensreichen Entfaltung ihrer mannigfaltigen Kräfte.

3. Dieselben so hoch als möglich zu werten, allezeit in rechter Tätigkeit zu halten und immer reicher zu wecken, sei uns Genossenschaftern heilige Pflicht.

4. Einen besseren Dienst können wir unserer guten Sache nicht leisten, damit führen wir unsere wirtschaftlichen Gebilde entgegen ihrem höchsten Zweck und Ziele;"

der allerdings einen Widerspruch jener Erklärung bedeutet, welche zur Gründung des Verbandes geführt hat. Wie in dieser Frage hat auch in anderen eine vollkommene Schwenkung stattgefunden. Ursprünglich vollkommen im Sinne Schulze-Delitzschs unbedingte Vertreter der Selbsthilfe hat man dann später die Gründung der Preußischen Zentral-Genossenschaftskasse freudigst begrüßt. Einige Jahre darauf auf dem Allgemeinen Vereinstag zu Karlsruhe im Jahre 1898 wollte man sich freilich abwenden von dieser Kasse, da man die Bedingungen der Staatshilfe zu drückend empfand, und sich selbständig machen. Man rief die Landwirtschaftliche Reichsgenossenschaftsbank, e. G. m. b. H. in Darmstadt ins Leben, um ein Gegengewicht gegen die Preußische Zentral-Genossenschaftskasse zu besitzen. Auch dieser Zustand war nicht von langer Dauer.

Dann verzichtete die Landwirtschaftliche Reichsgenossenschaftsbank, e. G. m. b. H., unter dem Druck der Preußischen Zentralgenossenschaftskasse auf den Geldverkehr mit den preußischen Verbandskassen zugunsten der Preußischen Zentralgenossenschaftskasse und ging mit dieser sogar eine finanzielle Interessengemeinschaft ein. Wohl um aus dieser wieder herauszukommen, wurde die Auflösung beschlossen und eine Aktiengesellschaft an ihrer Stelle gegründet. —

„Was den sachlichen Umkreis des Genossenschaftswesens anlangt, so stehen sich die extremen Meinungen sehr schroff gegenüber. Aus den Kreisen des Handels und Gewerbes wird nicht selten den Genossenschaften jede Existenzberechtigung abgesprochen: Sie machten die vernunft- und kulturgemäße Arbeitsteilung nach Ständen rückgängig, vernichteten berechtigte und notwendige Gewerbszweige und arbeiteten ungeschickt, teuer und zum Schaden auch ihrer Mitglieder. Auf der andern Seite haben die bisherigen schönen Erfolge Genossenschaftsenthusiasten großgezogen, die der Meinung sind, man könne schlechterdings alles auf genossenschaftlichem Wege durchsetzen und erreichen, jedes Gewerbe und jeden Handel betreiben und so allmählich alle Reichtümer der Welt anderen aus den Händen nehmen und den genossenschaftlich verbundenen Landwirten zu Füßen legen.

Vor solchen Übertreibungen muß man sich hüten, ob sie in dieser schroffsten, ob sie auch nur in eingeschränkter und abgeschwächter Form, nur dem Handel gegenüber, auftreten. Solche groben Fehler macht die Kulturentwicklung nicht, daß sie eine fein durchgeführte Arbeitsteilung zwischen Landwirtschaft, Gewerbe und Handel schafft, während im Grunde die genossenschaftliche Produktion der Landwirte das Richtige wäre. ... Wo der Landwirt bei der Arbeitsteilung bestehen kann und wo sie einigermaßen rationell wirkt, in weitaus den meisten Fällen also, wird es dabei sein Bewenden haben. ... Daraus folgt aber auch, daß das Gebiet des Genossenschaftswesens immer wieder an Hand der Zweckmäßigkeit nachgeprüft, nicht schematisch und nicht dauernd nach gleichen Gesichtspunkten abgegrenzt werden muß, daß nicht nach äußeren Momenten falsche Analogieschlüsse gezogen werden dürfen. Nach Land und Zeit und Wirtschaftslage wird die sachliche Ausdehnung eine verschieden sein; der Gang der Entwicklung wird neue Formen erfordern, andere wieder eingehen lassen und den meisten der theoretisch denkbaren Anwendungsformen das Gedeihen versagen." (Thiess: „Die Zukunft des landwirtschaftlichen Genossenschaftswesens in Deutschland" in der Zeitschrift für Sozialwissenschaft 1906, S. 355 ff.)

Aus der oben (§ 7) mitgeteilten Einteilung der Genossenschaftsarten ergibt sich schon ohne weiteres, nach welchen Richtungen hin die genossenschaftliche Organisation auf landwirtschaftlichem Gebiet Betätigung findet. Faßt man die Gesamtwirkung der verschiedenen Genossenschaften zusammen, so kann man sagen, daß mit Hilfe der Kreditgenossenschaften die Befriedigung des Personalkredits geordnet ist — die Bezugsgenossenschaften haben eine rationellere und bessere Ackerbestellung ermöglicht — Werkgenossenschaften haben zur Einführung der Maschinenkraft und Zuchttiergenossenschaften zur Hebung der Viehzucht geführt — Produktivgenossenschaften in der mannigfaltigen Art haben auch dem kleinen Besitzer die bestmöglichste Verwertung landwirtschaftlicher Nebenprodukte ermöglicht. Durch die Genossenschaft ist der intensive Betrieb gesteigert und sind vielfach auch dem kleinen Besitzer alle die Vorteile verschafft, die ohne die Genossenschaft nur der Großgrundbesitzer hat.

Kreditgenossenschaften. Bei der Befriedigung des Kreditbedürfnisses der Landwirte ist zu unterscheiden zwischen dem Besitzkredit und Betriebskredit. Allgemein gebräuchlich sind wohl die Ausdrücke Personal- und Realkredit, doch treffen sie nicht ganz die Sache. Was unter Betriebskredit zu verstehen ist, ist wohl ohne weiteres klar, es ist der Kredit, dessen der Landwirt bedarf, um die laufenden Ausgaben im Betriebe ohne Inanspruchnahme des Kredits bei dem Lieferanten decken zu müssen. Die Wirtschaftsperiode bei dem Landwirt ist eine andere wie bei dem Gewerbtreibenden und Kaufmann, sie ist eine längere. Der Landwirt bedarf daher auch für den Betriebskredit längere Fristen. Jedenfalls soll sich dieser Kredit, wenn nicht besondere Verhältnisse den Landwirt an der Erfüllung seiner Verpflichtungen hindern, nach Ablauf der Wirtschaftsperiode ablösen lassen. Anders liegt es bei dem Besitzkredit, den man auch als Immobiliarrealkredit bezeichnet. Hier kommen vor allem in Betracht die übernommenen Hypothekenschulden, das Restkaufgeld. Zu dem Immobilarrealkredit gehört aber ferner auch der Kredit, der in Anspruch genommen wird zur Durchführung baulicher Veränderungen, wirtschaftlicher Verbesserungen, die erst im Laufe der Jahre nutzbringend wirken und daher erst auch nach entsprechenden Zeitabschnitten die Abstoßung des Kredits gestatten. Natürlich ist die Grenze zwischen den verschiedenen Kreditarten flüssig. Hier kann nicht auf die Einzelheiten eingegangen werden. Auch nicht auf die Frage, inwieweit der sogenannte nicht berechtigte Realkredit durch Personalkredit zu ersetzen ist. Hier kann nur die Frage gestellt werden, welchen Kreditansprüchen sind die Genossenschaften zu entsprechen imstande? Für die Beurteilung dieser Frage kommen die Ansprüche der Landwirtschaft erst in zweiter

Reihe in Betracht. Die Wirtschafts- und Rechtsnatur der Genossenschaft ist maßgebend. Insoweit diese die Befriedigung gewisser Kredite nicht erlaubt, sind hierfür andere Kreditorganisationen zu schaffen. Vor allem ist also zu berücksichtigen die Eigenart der Genossenschaft, und es muß die Frage dahin gestellt werden, welchen Kreditansprüchen zu genügen sind die Genossenschaften nach ihrer rechtlichen und wirtschaftlichen Natur geeignet. Und dabei ergibt sich als Ergebnis, daß die Genossenschaft als Personalgesellschaft mit dem möglichen Austritt ihrer Mitglieder zu rechnen hat, also hierdurch schon in den Gelddispositionen beschränkt ist. Dazu kommt dann, daß der Geldgeber, der mit fremdem Kapital arbeitet, natürlich keine längeren Fristen bewilligen kann, als sie ihm von seinen Gläubigern zugestanden werden. Es hat folglich die Genossenschaft ferner Rücksicht zu nehmen auf die von Depositären, Spareinlegern gesetzten Fristen. Mithin ist die Genossenschaft nur imstande, den landwirtschaftlichen Betriebskredit zu befriedigen. Und der Streit, der zwischen Schulze-Delitzsch und Raiffeisen über die Kreditbefristung aufs lebhafteste ausgefochten wurde, dürfte heute endgiltig als zugunsten Schulze-Delitzschs entschieden betrachtet werden, nachdem selbst Faßbender (in den Verhandlungen der 18. Kommission zur Vorberatung des preußischen Gesetzentwurfs, betreffend die Zulassung einer Verschuldungsgrenze für land- oder forstwirtschaftliche Grundstücke, Drucksache Nr. 219, 20. Legislaturperiode, II. Session 1905/06, Bericht S. 34) erklärt: „Fraglos habe Schulze-Delitzsch mit Recht seinerzeit Raiffeisen gegenüber betont: die Genossenschaften können keinen länger befristeten Kredit gewähren als sie ihn selbst genießen, und es widerspreche dem obersten Bankprinzip, daß die Genossenschaften einen Dauerkredit gäben, während sie selbst einfach auf Sparkasseneinlagen, die jederzeit oder auf kurze Zeit kündbar seien, angewiesen wären." Damit mag dann hier auch gleich unsere Stellungnahme zu der Frage, ob und inwieweit die Genossenschaften zur Durchführung der Entschuldung des ländlichen Besitzes herangezogen werden können, ihre Beantwortung finden. Wieder ist es Faßbender, der in der gleichen Kommission erklärt hat: „Also, wenn die Genossenschaften in den Dienst der Entschuldung gestellt werden sollen, sei es allein in der Weise möglich, daß sie bezüglich der Liquidität eine Rückversicherung bekämen." Damit ist zum Ausdruck gebracht, daß die Kreditgenossenschaft als solche nicht imstande ist, den Kredit zu gewähren, der sich aus der Teilnahme an der Entschuldung ergibt. Natürlich sind sie dann ebenso wenig befähigt, als Bürgen für eine derartige Kreditgewährung einzutreten. Und was die „Rückendeckung" anbelangt,

so möchten wir ohne weiteres den Worten des Vertreters des Finanz-
ministeriums in der Sitzung des Preußischen Abgeordnetenhauses vom
13. März 1905 beitreten (S. 1156 St. B.). „Immer aber müssen die,
welche die Operation durchführen, die Verantwortung tragen für das,
was sie tun. Sie müssen immer wissen, daß jeder Leichtsinn, jeder
Mangel an Vorsicht in ihrer eigenen Kasse finanziell sich fühlbar
machen muß, und es müssen diejenigen auch in erster Linie die
finanziellen Konsequenzen tragen, die die ganze Operation vor-
nehmen." Ein Beweis für die Richtigkeit der hier vertretenen Ansicht ergibt sich auch daraus, daß nach dem Reichshypothekenbankgesetz vom 13. Juli 1899 die Gründung von Hypothekenbanken in der
Form der eingetragenen Genossenschaft ausgeschlossen ist.

Während Raiffeisen die Darlehnskassen auf den denkbar engsten
Bezirk begrenzen will und infolgedessen die Kasse fast ausschließlich
aus ländlichen Mitgliedern besteht, entspricht Schulze-Delitzschs
Grundsätzen eine Ausdehnung der Tätigkeit der Genossenschaft, durch
die die Lebensfähigkeit der Genossenschaft gesichert wird und diese
in den Stand kommt, aus eigener Kraft heraus sich zu halten. Natürlich folgt hieraus auch ohne weiteres eine Heranziehung der Mitglieder aus möglichst allen Berufskreisen. Und zahlenmäßig ist
von Ehlers in seinem Buch: „Kreditgenossenschaftliche Probleme"
der Nachweis erbracht, daß das letztere Prinzip vom Standpunkt der
Leistungsfähigkeit und Sicherheit der Genossenschaft aus entschieden
den Vorzug verdient. Von den Kreisen, die durch Neigung oder
Beziehung zu dem Neuwieder Verband hielten, insbesondere aber
auch seitens der Behörden, wurde durch Jahrzehnte behauptet, daß
die Schulze-Delitzschschen Kreditgenossenschaften nicht geeignet
wären, das landwirtschaftliche Kreditbedürfnis zu befriedigen, man
nannte sie „städtische" im Gegensatz zu den ländlichen (Neuwieder)
Kassen. Die Statistik ergibt, daß ein Drittel der Mitglieder der
Schulze-Delitzschschen Genossenschaften dem landwirtschaftlichen
Beruf angehören. Diese Genossenschaften sind weder „städtisch"
noch „ländlich", sie erstrecken sich nach ihrem System auf alle
Berufsarten und suchen durch besondere Maßregeln den geschäftlichen Verkehr mit den ländlichen Mitgliedern nach Möglichkeit zu
erleichtern. Durch den Erlaß des preußischen Ministers für Landwirtschaft vom 7. Juli 1896 ist denn auch gewissermaßen offiziell
anerkannt, daß durch die „Genossenschaften nach Schulze-Delitzschschem Muster" gleichmäßig mit den anderen Genossenschaftssystemen
dem Kreditbedürfnis der Landwirte in weitem Maße Rechnung getragen wird. Unerhörte Behauptungen sind von Raiffeisenfanatikern
gegenüber den Schulze-Delitzschschen Genossenschaften in die Welt

gesetzt. Findet sich doch selbst in einer Enquete des Vereins für Sozialpolitik ein Berichterstatter, der die Schulze-Delitzschschen Kreditgenossenschaften zu den Wucherinstituten zählt. Wenn unter all den Jahrzehnte hindurch fortgesetzten Angriffen und in einer Zeit, in der fast jedes Dorf seine Kasse erhielt, die Schulze-Delitzschschen Genossenschaften nicht nur nicht ihre ländlichen Mitglieder verloren haben, sondern im Gegenteil immer mehr an Boden gewannen, so liegt hierin der beste Beweis, daß sie auch neben und trotz all der Konkurrenzgründungen — mindestens ebenso gut wie diese das ländliche Kreditbedürfnis befriedigt haben. Die Unterschiede zwischen Schulze-Delitzschschem und Raiffeisenschem System treten scharf heute nur noch dort hervor, wo für die Darlehnskassen der oben Seite 36 geschilderte Aufbau gewählt ist, der darin besteht, daß als Grundlage die das gesamte wirtschaftliche Leben umfassende Dorfkasse ohne jede kaufmännische Leitung genommen wird, die ihren wirtschaftlichen Stützpunkt in der Bezirksverbandskasse findet, die ihrerseits wiederum, wenigstens für das preußische Gebiet, die Preußische Zentral-Genossenschaftskasse als die Spitze des landwirtschaftlichen Genossenschaftswesens betrachtet.

Die Unterschiede zwischen den Systemen Schulze-Delitzsch und Raiffeisen lassen sich in folgende Sätze zusammenfassen. Raiffeisen forderte langbefristete Kreditgewährung — Schulze-Delitzsch widersprach derselben mit Rücksicht auf die von der Genossenschaft zu beobachtenden Grundsätze der Liquidität; Raiffeisen suchte hierauf als Ausweg die Möglichkeit einer jederzeitigen vierwöchentlichen Kündigung des langbefristeten Kredits, wodurch freilich die lange Befristung illusorisch wurde. Raiffeisen wollte die Kasse in ihrem Geschäftsbetrieb auf die Dorfgemeinde beschränkt sehen, mit Ausdehnung des Geschäftsbetriebes auf alle in der ländlichen Wirtschaft vorkommenden geschäftlichen Maßnahmen, jedoch ohne kaufmännische Leitung in wirtschaftlicher Abhängigkeit von der Zentrale — Schulze-Delitzsch forderte eine so weite Erstreckung des Tätigkeitsgebietes, daß die Kasse lebensfähig durch ihren Geschäftsbetrieb würde, dabei aber Beschränkung auf die mit dem Kreditgeschäft in Zusammenhang stehenden Geschäftszweige.

Aus der Beschränkung des Geschäftsbetriebes ergab sich für die Raiffeisenschen Darlehnskassen ohne weiteres die unentgeltliche Verwaltung, die aber insoweit auch wieder durchbrochen wird, als seitens der Verwaltung ein Rechner eingesetzt wird mit entsprechender Vergütung für seine Leistungen. Solange die Tätigkeit der Kasse sich auf die Dorfgemeinde beschränkt, ist für eine Honorierung der Verwaltung auch schwerlich Veranlassung. Ein prinzipieller Unterschied liegt in der Stellungnahme zur eigenen Vermögensbildung; Raiffeisen verwirft dieselbe wenigstens insoweit, als sie in der Ansammlung der Geschäftsguthaben liegt, während Schulze-Delitzsch in der Bildung der Geschäftsguthaben nicht nur eine Sicherung der Genossenschaft, eine Kräftigung der Kapitalbasis, sondern auch ein erzieherisches Moment erblickte. Die Eigenart des Raiffeisenschen Systems ergibt sich aus dem Ahnhausener Vorbild (vgl. 33).

Bezugsgenossenschaften. Der Bezugsgenossenschaft liegt die Beschaffung von Futter- und Dungmitteln, von Saatgetreide und dergl. mehr ob. Nicht nur, daß diese Genossenschaft richtig organisiert und in vollster Unabhängigkeit gehalten, dem Landwirt die Vorteile des Großbezuges all der erwähnten Waren bietet, kommt vor allem, und dies ist vielleicht wichtiger, in Betracht, daß durch diese Genossenschaft dem Landwirt der Bezug bester Qualitäten gesichert wird. Bei den sich zum Neuwieder System bekennenden Darlehnskassen vermitteln diese den Warenbezug, und da die Kasse selbst ohne jegliche kaufmännische Leitung ist und grundsätzlich sein soll, wendet sie sich an die Verbandskasse, die wiederum ihrerseits die Bestellungen an die nächste Zentrale fortgibt. Wir erwähnten, daß Raiffeisen bei der Verbandsbildung von einer besonderen Belastung der Genossenschaften zur Tragung der Unkosten des Verbandes absehen wollte, er richtete den gemeinschaftlichen Warenbezug ein, dessen Überschüsse zur Deckung der Unkosten beitragen sollten. In dieser Verquickung der verschiedenartigsten Ziele und Aufgaben liegt eine der bedenklichsten Seiten des Neuwieder Systems.

Werkgenossenschaften. Die Werkgenossenschaft betätigt sich insbesondere auf dem Gebiet der Viehzucht und der Benutzung der Maschinen. Mit Hilfe der Genossenschaft vereinigen sich eine Anzahl Landwirte zur gemeinschaftlichen Beschaffung der Maschine, die dann nach einem vereinbarten Turnus den Mitgliedern zur Verfügung gestellt wird. Die Viehzuchtgenossenschaft ermöglicht den beteiligten Landwirten, gute Zuchttiere zu halten und dadurch auf die Verbesserung der Viehzucht hinzuwirken. Wir haben es hier mit den denkbar einfachsten Formen der genossenschaftlichen Organisation zu tun, und oftmals wird es sogar überflüssig sein, die Form der eingetragenen Genossenschaft zu wählen, sondern es genügt die Form der Gesellschaft nach dem Bürgerlichen Gesetzbuch.

Produktivgenossenschaften. Ihnen liegt eine ganz besondere Bedeutung ob. Sie dienen der Verwertung der Nebenprodukte; vor allem kommt hierbei die Milch in Betracht; und der genossenschaftlichen Organisation ist es im wesentlichen zuzuschreiben, daß die Milchprodukte der deutschen Landwirtschaft den besten gleichgestellt werden. Besonders zu erwähnen ist auch der Einfluß dieser Genossenschaften auf den Viehbestand, denn ein gutes Milchprodukt erfordert gutes Milchvieh. Die Molkereigenossenschaften sind von größter Bedeutung für die Verbesserung des Milchviehes geworden. In diese Rubrik gehören die von den Molkereigenossenschaften gebildeten Butterverkaufsgenossenschaften, die zum Teil zur Erweiterung des Absatzgebietes nicht unwesentlich beigetragen haben. Nicht nur mit der Verwertung der Milchprodukte hat man es versucht, sondern auch die Verwertung von Fleisch, Obst usw. ist in die genossenschaftliche Tätigkeit einbezogen. Allerdings mit zum Teil sehr zweifelhaften Erfolgen. Bisher hat auf dem Gebiet der Fleischverwertung die Genossenschaft fast vollständig versagt. Auch der produktivgenossenschaftlichen Verwertung des Obstes und der Eier haben sich große Schwierigkeiten entgegengestellt. Es hat sich gezeigt, daß nicht überall die genossenschaftliche Verwertung lohnend wird. Vor allem steht in erster Reihe zu prüfen, ob sich nicht für den Landwirt eine Verwertung des Urproduktes, wenn der Ausdruck hier statthaft ist, lohnender gestaltet als die Verwertung des hieraus hergestellten Produktes. So ist es sehr wohl denkbar, daß das Schlachtvieh sich leichter und günstiger verwerten läßt als das ausgeschlachtete Fleisch. Andererseits bei der Verwertung des Obstes ist wieder die Vorfrage, ob entsprechendes Material für nutzbringende Verwertung vorhanden ist. Es muß das Material an und für sich schon hierfür geeignet sein, und es muß ferner aber auch Lieferung des Materials in genügend großen Quantitäten gesichert sein. Wo es an rationellem Obstbau fehlt, wird auch noch nicht der Boden für genossenschaftliche Verwertung des vorhandenen Obstes gegeben sein.

Immer wieder wird der Versuch mit der Gründung von Fleischverkaufsgenossenschaften gemacht. So wurde im Mai 1907 eine Genossenschaft mit der Firma: „Pommerscher Fleischverkaufsverband, e. G. m. b. H., in Berlin errichtet. Die Haftsumme pro Geschäftsanteil beträgt bei dieser Genossenschaft 3000 Mk., die höchste zulässige Zahl der Geschäftsanteile ist 100, so daß sich also die Haftsumme eines Mitgliedes bis auf 300 000 Mk. steigern kann. Ob da der Vorteil aus der Mitgliedschaft mit dem Risiko im richtigen Verhältnis steht? Bei der Gründung derartiger Genossenschaften hat man ähnlich mit Schlagworten zu wirken versucht, wie bei der Bildung von Kornhausgenossenschaften. Auch hier wieder das Streben: die Landwirte sollten unabhängig werden vom Handel und Einfluß gewinnen auf die Preisbildung.

In Süddeutschland sind es auch nun wieder die Darlehnskassen, die für die Viehverwertung herangezogen werden.

Neuerdings versucht man es mit Viehverwertungsgenossenschaften. Im Jahre 1899 wurde in Berlin die Zentrale für Viehverwertung, e. G. m. b. H., ins Leben gerufen, der von der preußischen Regierung ein Darlehen von 1 000 000 Mk. zur Verfügung gestellt wurde, um bei Berlin einen Magerviehhof anzulegen. Die Aufnahme, die diese Genossenschaft gefunden, scheint eine recht verschiedene zu sein. Recht schlimme Erfahrungen hat die Landwirtschaft mit der sogen. Milchversorgung großer Städte gemacht. Da kommt insbesondere das Schicksal der Berliner Milchzentrale in Betracht, die ihren Mitgliedern einen Verlust von 7 000 000 Mk. gebracht hat.

Zwischen der Verkaufsgenossenschaft und der Werkgenossenschaft besteht eine gewisse Verwandtschaft; auch ist nicht immer die Grenze zwischen Werkgenossenschaften und Verkaufsgenossenschaften ganz sicher zu ziehen. Meist wird die Werkgenossenschaft auch gleichzeitig Verkaufsgenossenschaft sein, und ebenso wird der umgekehrte Fall eintreten. So ist die Obstbaugenossenschaft, die soeben besprochen ist, insoweit Werkgenossenschaft, als das Obst für den Verkauf zubereitet wird. Und da sie auch gleichzeitig den Absatz besorgt, ist sie Verkaufsgenossenschaft. Ähnlich liegt es mit der Getreideverkaufsgenossenschaft, die ebenfalls das Getreide behandeln muß, um es verkaufsfertig zu machen. Diesem genossenschaftlichen Zweig ist in der Landwirtschaft ganz besondere Aufmerksamkeit geschenkt, und vor allem in Preußen sind bedeutende staatliche Mittel zu seiner Pflege zur Verfügung gestellt. Alle Versuche haben sich bisher als verfehlt ergeben. Dabei waren verschiedene Momente von Bedeutung. Einmal fehlte es oft an der gleichmäßigen, zum Verkauf bestimmten Ware. Dann aber zeigte sich hier, wie notwendig bei dieser Genossenschaft eine tüchtige kaufmännische Leitung. Und endlich haben sich nach den Geschäftsberichten die Landwirte selbst recht häufig als unzuverlässige Genossenschafter gezeigt. Die ersten Getreideverkaufsgenossenschaften entstanden in den 80er Jahren und zwar für Spezialprodukte. So 1885 die Probsthainer Saatverkaufsgenossenschaft zu Schöneberg in Holstein. Der Verband der hessischen landwirtschaftlichen Konsumvereine übernahm 1883 den kommissionsweisen Verkauf von Gerste für die ihm angeschlossenen Konsumvereine, stieß jedoch auf große Absatzschwierigkeiten — infolge mangelhafter Qualität der gelieferten Waren. Obgleich über Organisation und Zweck dieser Genossenschaften die Ansichten weit auseinandergingen, erklärte doch schon im Jahre 1895 der Vereinstag des Reichsverbandes der deutschen landwirtschaftlichen Genossenschaften die Gründung der

Kornhausgenossenschaften für dringend notwendig. Es ist beachtenswert, daß vielfach auch damals schon die Ansicht vertreten wurde,
daß die Errichtung von Kornhäusern nur dann ein wirksames Mittel
für die Besserung der Lage der Landwirtschaft sein würde, wenn
sie in die Hände der organisierten Landwirtschaft gelegt werde,
„welcher auch die Getreideausfuhr zu übertragen ist“. Und die zahl-
reichen Gründungen von Kornhausgenossenschaften strebten auch
zweifellos diesem Zweck nach. So unterscheiden wir zwischen der
Kornhausbewegung in Nord- und in Süddeutschland. (Vgl. Leonhard:
„Kornhäuser und Getreidehandel“ 1906.) Von der ersteren sagt
Leonhard, sie „stellt einen Versuch mit ungeeigneten Mitteln und mit
untauglichem Objekt dar; letzteres ist der deutsche Getreidehandel,
welcher sich nicht kartellieren läßt; die untauglichen Mittel sind die
vom Staat bewilligten 5 000 000, das Fehlen eines Prohibitivzolles“.
In Süddeutschland ist dem Getreide meist ein lokaler Absatz gesichert.
Die Kornhäuser gehören dort, vor allem in Bayern, meist nicht selbständigen Genossenschaften, sondern stehen im Eigentum der Dar-
lehnskassenvereine.

Halb zu den Werk-, halb zu den Absatzgenossenschaften gehören
auch die Weinbaugenossenschaften, bei denen sich ganz ähnliche
Schwierigkeiten wie bei den Getreideabsatzgenossenschaften ergeben
haben.

Die Geschichte dieser Genossenschaftsarten ist ein lehrreicher
Beitrag zu einer der wichtigsten Organisationsfragen der Genossenschaften, die dem Vertrieb der von den Mitgliedern eingelieferten
Produkte dienen: zur Preisbestimmung derselben. Bei diesen Ver-
kaufs- und Produktivgenossenschaften hat man — wohl um für die
Genossenschaften Stimmung zu machen — den erwarteten Gewinn
verteilt, ehe er noch erzielt war. Statt auf Getreide und Trauben
zunächst nur eine mäßige Abzahlung den Mitgliedern zu gewähren,
hat man gleich — zuweilen sogar — den höchsten Tagespreis zu-
grundegelegt. Das volle Risiko traf dann die Genossenschaft bei
sinkenden Preisen und das Geschäft wurde verlustbringend. Ganz
anders verfährt man bei den Molkereigenossenschaften, bei diesen
wird den Mitgliedern in der Regel die eingelieferte Milch unter dem
Tagespreis bezahlt und der Überschuß nach entsprechender Rücklage
nach Verhältnis der Milchlieferung zur Verteilung gebracht. Dies ist
kaufmännisch das einzig richtige Verfahren.

Die Gründung der ersten Winzergenossenschaften fällt bereits
in die 70er Jahre; sie entstanden unter Beirat von Schulze-Delitzsch
und gehörten dessen Verband an. Infolge einer mißverständlichen

Auffassung eines Aufsatzes in den „Bl. Genoss. W.", in dem man einen Angriff auf die katholische Religion erblickte, trennten sich die Genossenschaften von dem Schulez-Delitzschschen Verband. In dem Jahresbericht für 1874 führt Schulze-Delitzsch außer sieben Aartalgenossenschaften noch einige an der Mosel und im Elsaß auf.

Produktivgenossenschaften im eigentlichen Sinn des Wortes, d. h. Genossenschaften, bei denen diese als solche den gesamten landwirtschaftlichen Betrieb umfassen, sind nur in verschwindenden Ausnahmen entstanden. Dahin gehört der Ackerbauverein, e. G. m. b. H., in Pinschin, der im Jahre 1906 nach erfüllter Aufgabe sich aufgelöst hat. Die Aufgabe bestand in diesem Fall darin, den Mitgliedern, die die einzelnen Parzellen des Gutes bewirtschafteten, zum selbständigen Besitz zu verhelfen.

Die Schwierigkeiten, die sich der landwirtschaftlichen Produktivgenossenschaft entgegenstellen, sind anderer Art als jene, die wir bei der industriellen Genossenschaft antreffen. Vor allem spielt die Frage des Großbetriebes hier keine Rolle. Es bleiben aber jene Schwierigkeiten auch hier bestehen, die sich aus der einheitlichen Leitung einer Genossenschaft ergeben, bei der die im Dienste der Genossenschaft stehenden Mitglieder mehr als abhängige Glieder der Genossenschaft sein wollen. Und dann wirken hier noch ganz besonders die Risiken, denen die Landwirtschaft überhaupt nach ihrem Beruf ausgesetzt ist, mit. Vermögenslose Landwirte kann auch die Produktivgenossenschaft nicht gut gebrauchen. Und verfügt der Landwirt über ausreichendes Vermögen, wird er nicht in die Produktivgenossenschaft eintreten, sondern wird seine eigenen Wege gehen.

§ 11.

Das Genossenschaftswesen und das Handwerk.

Oben (§ 4) ist der Aufruf Schulze-Delitzschs an das deutsche Handwerk mitgeteilt. Es schien in den ersten Jahren, als wenn der Aufruf entsprechende Beachtung fände. Doch die Zahl der Handwerkergenossenschaften blieb klein. Und dann setzten Bewegungen ein, die der genossenschaftlichen Arbeit Kräfte entzogen. Dazu kam, daß man anscheinend vielfach in Kreisen, die Einfluß auf die Handwerker gewinnen wollten, bestrebt war, diese mit Mißtrauen gegenüber den Schulze-Delitzschschen Genossenschaften zu erfüllen. Äußerte sich doch noch unlängst im Jahre 1906 im Preußischen Abgeordnetenhaus der Vorsitzende des Ausschusses des vor wenigen

Jahren gebildeten Hauptverbandes deutscher gewerblicher Genossenschaften dahin (am 3. Februar 1906): „Wir Angehörige des städtischen Mittelstandes, wir Handwerker, Kaufleute und Gewerbtreibende wollten wohl am Genossenschaftsleben teilnehmen, aber, das ist meine persönliche Ansicht, wir wollten zum großen Teil nicht in die Schulze-Delitzschschen Genossenschaften eintreten aus dem einfachen Grunde, weil wir nicht politisch beeinflußt sein wollten." Dieses Bekenntnis erklärt viel. Man muß sich dabei noch vergegenwärtigen, daß, als im Jahre 1865 durch den damaligen Handelsminister Bismarck eine Kommission zur Prüfung der Förderung des Genossenschaftswesens einberufen wurde, man Schulze-Delitzsch nicht zuzog unter dem Vorwande, daß „seine ganze agitatorische Wirksamkeit überwiegend darauf gerichtet ist, politischen Einfluß auf die Arbeiter und Handwerker zu gewinnen, um die Fortschrittspartei gegen die Regierung zu verstärken". So entwickelte sich Mißtrauen in den Handwerkerkreisen gegenüber den Schulze-Delitzschschen Genossenschaften, und es wurde genährt durch Verdächtigungen der Schulze-Delitzschschen Genossenschaften, wie wir sie ja ähnlich auch auf dem Gebiet des landwirtschaftlichen Genossenschaftswesens beobachtet haben. Es ist zum Verhängnis für das Handwerkergenossenschaftswesen geworden, daß man in den Kreisen, die tatsächlich Einfluß auf die Handwerker ausübten, schließlich wohl erkannte die große wirtschaftliche Bedeutung der genossenschaftlichen Organisation für Gegenwart und Zukunft des Handwerks — gleichwohl sich aber nicht entschließen konnte, den Handwerkern die Schulze-Delitzschschen Grundsätze als die richtigen zu empfehlen — und infolgedessen nach Neuerungen auf dem Gebiet des Genossenschaftswesens suchte. So setzte in den 90er Jahren eine Bewegung ein, die auf die Gründung von Handwerkerkreditgenossenschaften abzielte unter Zugrundelegung des Raiffeisenschen Systems. Wanderredner wurden von der Regierung hinausgeschickt, die unter Herabwürdigung der Tätigkeit der Schulze-Delitzschschen Kreditgenossenschaften für die Gründung von besonderen Handwerkerkreditgenossenschaften Stimmung machten. Endlich am 25. Juni 1902 sah sich der preußische Handelsminister veranlaßt, in einem besonderen Erlaß zu erklären: „Die Bildung besonderer Kreditgenossenschaften wird sich — im Hinblick auf die Höhe der Verwaltungskosten, die wirtschaftliche Schwäche der meisten der anzuschließenden Handwerker und die damit in Zusammenhang stehende geringere Neigung der wohlhabenden Handwerker, solchen Organisationen beizutreten — nur unter besonderen Umständen, und insbesondere da empfehlen, wo die vorhandenen Kreditgenossenschaften sich gegen die Aufnahme kleinerer Hand-

.werker ablehnend verhalten oder dieselbe an erschwerende Bedingungen knüpfen, oder wo die Art ihrer Geschäftsführung die Gewährung eines billigen, tunlichst gleichmäßigen Zinsfußes nicht erwarten läßt. In allen Fällen wird es zweckmäßig sein, den Versuch zu machen, zunächst auf die bestehenden Kreditvereine im Sinne der begründeten Wünsche der Handwerker einzuwirken."

Unter den Handwerkern war durch das Vorgehen der Regierung und die Art der Agitation eine große Verwirrung hervorgerufen. Inzwischen waren auch bereits Revisionsverbände von Handwerkergenossenschaften gegründet. Und wohl um einen stärkeren Einfluß auf diese zu gewinnen, wurde der Hauptverband deutscher gewerblicher Genossenschaften ins Leben gerufen, auf dessen Leitung sich die Regierung dadurch den entscheidenden Einfluß vorbehielt, daß sie für die Bezahlung des einen Vorstandsmitgliedes die Mittel zur Verfügung stellte und als zweites Vorstandsmitglied einen Bankinspektor der Preußischen Zentral-Genossenschafts-Kasse bestellte.

Hoben wir oben hervor, daß auf dem Gebiet des landwirtschaftlichen Genossenschaftswesens sich wenigstens bei den Genossenschaften, die direkt der Verbesserung des Betriebes dienen, keine wirtschaftlichen Gegensätze unter den Berufsgenossen zeigen, so liegt dies ganz anders bei den Handwerkergenossenschaften. Hier machen sich Konkurrenzneid und Eifersüchtelei bereits bei den ersten Hilfsgenossenschaften, bei den Rohstoffgenossenschaften, bemerkbar. So erklärt es sich schon sehr natürlich durch die wirtschaftlichen Verhältnisse, daß das Handwerkergenossenschaftswesen in der Entwicklung hinter dem landwirtschaftlichen wenigstens in den Arten erheblich zurückblieb, die speziell als Berufsgenossenschaften zu betrachten sind. Dazu kommt dann noch, daß die Handwerkergenossenschaften erheblich mehr geschäftliche Schwierigkeiten bieten wie die landwirtschaftlichen. Schon bei den letzteren haben wir gesehen, daß die Einfachheit der Organisation und des Geschäftsbetriebes aufhört, sobald die Landwirte für die Genossenschaft nicht mehr allein als Berufsgenossen in Betracht kommen, sondern wenn Konkurrenzrücksichten für die Entschließungen der Mitglieder der Genossenschaft bestimmend werden. Viel schroffer tritt dies noch im Handwerk hervor, wie wir in den folgenden Abschnitten sehen werden.

Doch gehen wir auch wie bei dem landwirtschaftlichen Genossenschaftswesen der Reihe nach, prüfen wir die einzelnen Genossenschaftsarten.

Auch hier ist von entscheidender Bedeutung die Kreditgenossenschaft, die allerdings in mannigfaltigerer Art tätig sein muß, um den Kreditansprüchen des Gewerbtreibenden zu genügen. Über ihre Vorläufer Baer „Vorgeschichte der Kredit-Gen."

Von dem Gedanken, Sonderkreditgenossenschaften für die Handwerker zu gründen, ist man heute wohl allgemein abgekommen. Die Übertragung des Raiffeisenschen Systems auf die Kreditgenossenschaft für das Handwerk hat sich als um so verfehlter ergeben, als man den Handwerkerkreditgenossenschaften eine vollkommen unzureichende Kreditbasis gab, indem man nicht auch die dem Raiffeisenschen System fast durchweg eigene unbeschränkte Haftpflicht der Mitglieder übernahm. So mußten diese Handwerkerkreditgenossenschaften alsbald auch Mitglieder anderer Berufsarten zulassen, um lebensfähig zu werden, oder sie siechten dahin.

In neuerer Zeit ist viel die Rede von der Beleihung von Handwerkerforderungen. Auch mit diesem Gegenstand haben sich die Schulze-Delitzschschen Kreditgenossenschaften befaßt, verschiedene Genossenschaften haben diesen Geschäftszweig eingeführt, jedoch hat sich gezeigt, daß kaum ein nennenswertes Bedürfnis dafür vorhanden. Der Handwerker kann wenigstens nach den zurzeit geltenden gesellschaftlichen Anschauungen nicht eine Forderung, die er z. B. an einen Beamten für einen gelieferten Anzug oder für gelieferte Stiefel hat, zum Einzug an ein Kreditinstitut abtreten, ohne daß er Gefahr läuft, den Kunden zu verlieren. Anders liegt es mit dem Einzug von Außenständen im Großhandel. Hier ist heute schon dieser Einzug vielfach üblich, wie die bei den Kreditgenossenschaften vorkommenden nicht akzeptierten Wechsel zur Genüge beweisen.

Ob in vollem Umfange heute der Gewerbtreibende von der Kreditgenossenschaft bereits Gebrauch macht, soll dahingestellt bleiben. Man spricht oft davon, daß die Abhängigkeit des Handwerkers vom Lieferanten ein Hindernis für die Gründung von Rohstoffgenossenschaften ist. Und tatsächlich findet sich auch der Lieferantenkredit noch stark in Anspruch genommen. Der Handwerker müßte in seinem eigenen Interesse weit mehr darauf bedacht sein, den gesamten Geldverkehr durch die Kreditgenossenschaft zu leiten, er müßte sich bei der Kreditgenossenschaft insbesondere auch das Geld zu beschaffen suchen, um seinen Verpflichtungen dem Lieferanten gegenüber pünktlich nachzukommen. Er würde dann besser und billiger einkaufen. Bei den genossenschaftlichen Reformbestrebungen hat man zum Teil zu recht gekünstelten Mitteln gegriffen, um dem Handwerker die Krediterlangung zu erleichtern. Die Vorfrage ist: soll von der Genossenschaft von dem Handwerker Sicherheit verlangt werden? Grundsätzlich muß wohl die Frage bejaht werden. Wenigstens haben jene Genossenschaften, die gewissermaßen im Gegensatz zum Schulze-Delitzschschen System ins Leben gerufen wurden, mit der Praxis, ohne besondere Sicherheit Kredit auszuleihen, schlechte Erfahrungen gemacht. Doch es gibt auch Schulze-Delitzschsche Genossenschaften mit gemischtem System, bei denen nach sorgfältiger Prüfung der sogenannte Blankokredit gewährt wird. Gewiß wird es dem jungen Gewerbtreibenden nicht immer leicht sein, den Bürgen zu beschaffen, den die Genossenschaft verlangt. Da hat man nun einen Ausweg gesucht und glaubt, ihn gefunden zu haben in der Bildung von Genossenschaften, die sich allein darauf beschränken, der anderen kreditgebenden Genossenschaft gegenüber Bürgschaft für die kreditbedürftigen Mitglieder zu übernehmen. Die ersten dieser Genossenschaften sind in Frankfurt a./M. entstanden, sie wirken dort im engsten Kreis. Als ein zweifelloser Mißbrauch dieses Gedankens muß es jedoch betrachtet werden, wenn eine Genossenschaft gewissermaßen gewerbsmäßig Bürgschaften für ihre Mitglieder für Kredite bei anderen Kreditinstituten übernimmt, indem sie ihren Wirkungskreis über ganz Deutschland zu erstrecken bestrebt ist. Aber auch unter Beschränkung der Tätigkeit auf ein bestimmtes Gewerbe innerhalb einer bestimmten Stadt werden doch erhebliche Erfolge kaum zu gewinnen sein. Der Handwerker, der in einigermaßen geregelten Verhältnissen sich befindet, wird sich direkt an die Kreditgenossenschaft wenden und dort sein Kreditbedürfnis befriedigen. Für die Bürgschaftsgenossenschaft bleiben folglich nur alle die übrig, denen alle Kreditquellen verschlossen sind. Dazu kommt dann noch, daß nach Lage der Gesetzgebung der kreditsuchende Gewerbtreibende zwei Genossenschaften bei dieser Regelung der Sache angehören müßte: der kreditgebenden Genossenschaft und der, die die Bürgschaft für ihn übernimmt. Einer solchen Belastung wird nur im äußersten Notfall der Gewerbtreibende sich aussetzen.

Über die Notwendigkeit für den Handwerker, einen ausreichenden Kredit zu besitzen, ist kein Wort zu verlieren. Es darf behauptet werden, daß die richtig fundierte und geleitete Kreditgenossenschaft diese Aufgabe erfüllt.

Rohstoffgenossenschaften. Der wirtschaftliche Wert der Rohstoffgenossenschaft für die Handwerker liegt natürlich vor allem darin, daß der gemeinschaftliche Bezug zur Verbilligung des Produkts führt und häufig auch die Lieferung besserer Qualitäten zur Folge hat. Dazu kommt dann noch, daß wenigstens bei verschiedenen Artikeln der Handwerker als Mitglied der Rohstoffgenossenschaft es nicht mehr nötig hat, teure und große Lagerbestände zu führen, weil er jederzeit das Material aus der Genossenschaft beziehen kann. Als wichtige Imponderabilien dürften sich ergeben, daß die zur Rohstoffgenossenschaft vereinigten Handwerker sich nicht nur wirtschaftlich, sondern auch menschlich nähertreten, wodurch häufig die Schärfen des Konkurrenzkampfes beseitigt oder wenigstens gemildert werden.

Aus dem Geschäftsbetrieb sind zwei Grundsätze hervorzuheben: Verkauf zu reellen Tagespreisen bei Verteilung etwaiger Überschüsse nach Verhältnis des Warenbezugs (wie bei den Konsumvereinen) und Festhaltung an der Baarzahlung (sowohl aktiv wie passiv). Verstöße hiergegen haben in den meisten Fällen zur Vernichtung der Genossenschaft geführt. Nicht die Rohstoffgenossenschaft, sondern die Kreditgenossenschaft soll das Kreditinstitut sein.

Empfehlenswert ist Beschränkung auf den Kreis der Mitglieder, um dem Unternehmen den genossenschaftlichen Charakter zu erhalten.

Zu den Rohstoffgenossenschaften können auch gerechnet werden jene Genossenschaften, die es sich zur Aufgabe gestellt haben, gemeinschaftlich Maschinen für die Mitglieder zu beziehen. Je mehr die Städte zur Errichtung von Elektrizitätswerken übergehen, desto leichter wird es auch dem kleinen Gewerbtreibenden, sich der Kraftmaschinen zu bedienen. Und vielleicht verwirklicht sich doch noch die Voraussage Siemens', daß es das Ziel der Entwicklung der Maschinentechnik sei, die Kraft in die Werkstatt hineinzutragen. Dort, wo sich die Kommunen noch nicht zur Errichtung von Elektrizitätswerken haben entschließen können, haben zuweilen die Gewerbtreibenden selbst die Sache in die Hand genommen und sich selbst derartige Anlagen geschaffen. Je mehr sich die Übertragbarkeit der Kraft ausbildet, desto leichter wird es sein, „Kraft in die Werkstatt hineinzutragen", und zu um so günstigeren und billigeren Bedingungen kann die Kraft zur Verfügung gestellt werden. Natürlich muß auch bei dieser Genossenschaftsart eine gewisse Vorsicht walten, sie darf nicht dahin führen, den Handwerker zu veranlassen, Maschinen anzuschaffen, für deren volle Ausnutzung ihm sein Geschäft die Gelegenheit nicht bietet. In Würdigung des großen Wertes, den die Maschinenbenutzung für den einzelnen Gewerbtreibenden hat und bei den Schwierigkeiten, die sich auch hier der Bildung von Genossenschaften zur Beschaffung von Maschinen entgegenstellen, ist im Großherzogtum Hessen eine Aktiengesellschaft gegründet, die sich zu unrecht „genossenschaftlich" nennt. Zweck des Unternehmens dieser Gesellschaft ist es, den Gewerbtreibenden unter günstigsten Bedingungen Maschinen zu besorgen und fachmännischen Rat bei der Auswahl zu gewähren. Dieses System hat aber doch seine großen Bedenken, ganz abgesehen davon, daß der Bildung lokaler Genossenschaften, die zweifellos den Vorzug vor einer derartigen Gesellschaft verdienen, der Boden entzogen wird. Es kommt schon fast auf eine Regelung der Produktion oder wenigstens der Produktionsbedingungen von oben heraus, wenn von seiten einer mehr oder minder unter staatlichem Einfluß stehenden Aktiengesellschaft darüber bestimmt wird, ob dieser oder jener Handwerker diese oder jene Maschine seinem Vertrieb einverleiben. soll. Und wenn neuerdings im Regierungsbezirk Koblenz die Anregung zur Gründung einer ähnlichen Gesellschaft gegeben ist, wie sie Hessen besitzt, so wäre es bedauerlich, wenn man sich hier bestimmen ließe, die hessische Richtung nachzumachen, die schließlich nur auf die Ansicht ihres Schöpfers zurückzuführen ist :„Auch bei uns bestätigt sich gar bald die alte Erfahrung, daß bei den gegenwärtigen Konkurrenz- wie Organisationsmißverhältnissen es fast aussichtslos ist, auf diesem (dem genossenschaftlichen) Wege über vereinzelte, in ihrer Wirkung eng begrenzte Versuche hinauszukommen." Das sind Erfahrungen, die in der Natur der Sache liegen. Sehr bedenklich wäre es, daraus den Schluß zu ziehen, daß der Mangel an Gemeinsinn, an Initiative ersetzt werden muß durch behördliche Bevormundung.

Werkgenossenschaften. Die Maschineneinkaufsgenossenschaft führt uns zur Werkgenossenschaft, d. h. der Genossenschaftsart, die Maschinenkraft ihren Mitgliedern zur Verfügung stellt, deren Benutzung im Einzelbetrieb nicht möglich oder zu kostspielig wäre. Die Werkgenossenschaft hat ihre eigene Betriebsstätte, in der die Maschinen tätig sind und in der sie von den Mitgliedern benutzt werden können. Gewisse Schwierigkeiten ergeben sich hier bei der Feststellung des Turnus in der Benutzung der Maschinen. Für gewisse Gewerbe, wir denken dabei an das Tischlergewerbe, scheint aber gerade diese Genossenschaftsart von der größten Bedeutung, da sie allein dem Gewerbtreibenden die Möglichkeit bietet, jene Maschinenkraft zu verwerten, in deren Benutzung nicht in letzter Reihe das Übergewicht der Fabrik über den handwerksmäßigen Betrieb beruht.

Die Absatzgenossenschaft oder Magazingenossenschaft ist jene Genossenschaft, deren Zweck es ist, dem Handwerker die Möglichkeit zu bieten, die Ware, die er hergestellt, dem Publikum zu zeigen und zum Kauf anzubieten. Gerade in letzter Zeit ist wieder viel die Rede davon gewesen, daß die Magazingenossenschaft das Mittel für den Gewerbtreibenden bietet, wirksam der Konkurrenz des Warenhauses entgegenzutreten. Man verwechselt hierbei leicht verschiedene Genossenschaftsarten. Die Genossenschaft, die gewissermaßen die Grundlage des Bazarunternehmens abgeben soll, müßte sich im wesentlichen darauf beschränken, ein Gebäude zu

erwerben, dessen einzelne Lokalitäten den Mitgliedern zum Sonder-
betrieb ihres Gewerbes zur Verfügung gestellt werden. Bei dieser
Genossenschaft bleibt jeder Gewerbtreibende selbständig, und der
Magazingenossenschaft liegt im wesentlichen nur ob die gemeinschaftliche Verwaltung der Läden. Ganz anders die echte Magazingenossenschaft. Sie führt zum einheitlichen Verkaufslager der an
der Genossenschaft beteiligten Mitglieder, die an diese ihre Waren
abliefern. Und nun ergeben sich gerade hier eine Reihe von Schwierigkeiten, von deren glücklicher Lösung Wohl oder Wehe der Genossenschaft abhängen. Nach folgenden Grundsätzen wird der
Geschäftsbetrieb der Magazingenossenschaft am besten veran-
schaulicht:

Bei der Gründung ist die Bedürfnisfrage und die Lebensfähigkeit
zu prüfen, die Mitwirkung einiger erfahrener, zur Geschäftsleitung
geeigneter Personen sicher zu stellen und nur, wenn diese Fragen
aller Voraussicht nach bejaht werden können, ist zur Gründung zu
schreiten. — Es ist nach erfolgter Gründung darauf hinzuwirken, daß
anfänglich der Geschäftsbetrieb innerhalb der durch die tatsächlichen
Verhältnisse bedingten Grenzen gehalten wird und erst allmählich
Hand in Hand mit dem Wachsen des eigenen Betriebskapitals einen
immer größeren Umfang annimmt. — Liegt die Notwendigkeit vor,
ein geeignet ausgestattetes Verkaufslokal zu unterhalten, so ist auch
die Bildung eines möglichst hohen eigenen Kapitals unbedingt notwendig. — Erzeugnisse, deren Absatz vom Geschmack des kaufen-
den Publikums abhängig ist (Möbelbranche), sollen in der Regel
nicht käuflich (zu Eigentum) durch die Genossenschaft erworben
werden. Der Verkauf der Genossenschaft für die Mitglieder soll
vielmehr in Kommission geschehen. Wenn die Verhältnisse es erfordern und die Mittel der Genossenschaft es gestatten, ist eine mäßige
Beleihung der eingelieferten Waren zuzulassen. — Es ist darauf zu
achten, daß nur durchaus gute und gangbare Waren in das Magazin
eingeliefert werden. Durch Geschäfts- und Branchekenntnis, sowie
strengste Unparteilichkeit müssen ganz besonders die Mitglieder der
Verwaltung sich auszeichnen, die über die Aufnahme von Waren in
das Magazin und Verteilung der Bestellungen unter die Mitglieder
zu entscheiden haben. — Nach Möglichkeit ist gegen Barzahlung zu
verkaufen. Erfolgt der Verkauf auf Kredit, so ist festzustellen, ob
die Genossenschaft oder das Mitglied, dessen Ware verkauft ist,
das Risiko zu tragen hat. — In der Geschäftsordnung ist besonders
festzustellen: welche Grundsätze bei der Aufnahme der Waren in das
Magazin zu beobachten sind; welche Personen über die Aufnahme zu
entscheiden haben; welche Bedingungen hinsichtlich der Bezahlung

oder der Beleihung der Waren gelten sollen; nach welchen Grundsätzen die Verteilung von Aufträgen, die bei der Genossenschaft
eingehen, unter die Mitglieder erfolgt.

Die Schwierigkeiten, die wir bei den landwirtschaftlichen Absatzgenossenschaften beobachteten, treten bei den gewerblichen
Magazingenossenschaften natürlich noch viel schärfer hervor. Die
landwirtschaftliche Absatzgenossenschaft wird um so wirksamer ihre
Tätigkeit entwickeln, je größer der Kreis der Mitglieder, und der
kleine wie der große Besitzer können Aufnahme finden und sich
der Genossenschaft bedienen, sofern nur die eingelieferten Materialien
gleichwertig sind. Anders die Handwerker-Magazingenossenschaft,
deren Wirkungskreis ein durch die Natur der Verhältnisse beschränkter
ist und die in der Aufnahme von Mitgliedern äußerst vorsichtig sein
muss. Hier tritt scharf hervor der Unterschied zwischen der Gattungs-
und der Sonderware. Für die landwirtschaftliche Magazingenossenschaft kommt nur die Ware als Gattung in Betracht, bei der Handwerker-Magazingenossenschaft ist meist jedes Stück auf seine Eigenart
zu prüfen.

Von besonderer Bedeutung erscheint die Magazingenossenschaft,
um den Handwerkern die Beteiligung an Submissionen zu ermög-
lichen.

Eine Berücksichtigung der Innungen bei Submissionen dürfte
in der Regel an unüberwindbaren Schwierigkeiten scheitern, weil
die Innung als solche kein geschäftliches Unternehmen betreiben
kann und im übrigen es auch hieße, Zank und Streit in die Innung
hineinzutragen, wollte man die Innung an Submissionen teilnehmen
lassen. Günstiger stehen hier die Genossenschaften, und gerade die
Magazingenossenschaft scheint geeignet, sich auch auf diesem Gebiet
zu betätigen. Es dürfte aber ohne weiteres klar sein, daß auch bei
Zuhilfenahme der Magazingenossenschaft immer nur ein kleiner
Kreis der Gewerbtreibenden den Vorteil haben kann. Wird die
Magazingenossenschaft bei einer Submission berücksichtigt, so kann
sie sich nun entweder in der Weise betätigen, daß sie selbst in
eigenen Werkstätten die Ausführung der Arbeiten übernimmt, oder
diese an ihre Mitglieder nach einem vorher vereinbarten Turnus abgibt. Die Herstellung von Arbeiten, sei es in eigenen Werkstätten
oder durch die Mitglieder, muß überhaupt von vornherein in den
Bereich der Möglichkeit gezogen werden, weil es jederzeit vorkommen
kann, daß die Magazingenossenschaft Bestellungen zur Ausführung
bekommt.

Produktivgenossenschaften (vgl. § 13). Wir stehen bei
der Magazingenossenschaft bereits an der Grenze zur Produktiv-

genossenschaft. Allerdings, zum Wesen der eigentlichen Produktivgenossenschaft gehört, daß der einzelne Gewerbtreibende seine Selbständigkeit aufgibt und nur noch weiter als Arbeiter der Produktivgenossenschaft tätig ist. Die Produktivgenossenschaft gehörte zu
dem System Schulze-Delitzsch, ihre Entwicklung war für ihn das
Endziel. Die Entwicklung der wirtschaftlichen Verhältnisse und
auch die politische Gestaltung haben die Erreichung des Zieles unmöglich gemacht. Heute wird nur unter ganz besonderen Voraussetzungen die Möglichkeit für erfreuliche Entwicklung der Produktivgenossenschaft gegeben sein. Wenn die Produktivgenossenschaft zu
einer gewissen Entwicklung gelangt, dann pflegt sie erfahrungsgemäß sich gegen die Aufnahme neuer Mitglieder abzuschließen.
„Doch die Wurzel aller Schwierigkeiten liegt in dem harten Widerspruch der beiden Thesen, daß auf der einen Seite das Streben nach
wirtschaftlicher Selbständigkeit zur Genossenschaft drängt, auf der
andern Seite aber die Genossenschaft gerade ein teilweises frei-
williges Aufgeben der Selbständigkeit verlangt. .... Wie schwer ist
es, dem Handwerker die Arbeitskraft, Kenntnis, Fertigkeit, kurz alles
zu nehmen, worauf er seine Existenz aufbaut, dies alles zu vermengen
mit der Leistungsfähigkeit anderer, die er vielleicht aus Konkurrenzneid nur mißtrauisch zu betrachten gewohnt war, und ihn für alle
Zukunft auf einen blossen Anteil am Erträgnis zu beschränken. Das
setzt voraus eine tiefe Überzeugung von der Notwendigkeit des
solidarischen Vorgehens, eine vorurteilslose Anerkennung der Arbeits-
leistung des Gewerbsgenossen und ein festes Vertrauen zu jenen, in
deren Hände die Leitung der Genossenschaft gelegt wird." (Grunzel:
„System der Industriepolitik".) Bei den hier erwähnten Schwierigkeiten ist noch gar nicht berücksichtigt das wirtschaftliche Gedeihen
der Genossenschaft, das von so vielen anderen Begleitumständen abhängt. Und dann: welche Stellung soll die Produktivgenossenschaft
einnehmen? Handelt es sich um handwerksmäßigen Betrieb, dann
ist die Produktivgenossenschaft entbehrlich — geht der Betrieb aber
darüber hinaus, reiht sich die Produktivgenossenschaft in den Kreis
der Fabriken und Großunternehmungen, dann muß sie auch allen
den Erfordernissen genügen, von deren Vorhandensein das Gedeihen
derartiger Betriebe abhängt. Und ob dann die Form der eingetragenen
Genossenschaft die richtige ist, mag zweifelhaft sein. Gleichwohl
weisen die Listen bestehende Produktivgenossenschaften auf, und
darunter sind verschiedene, die erfreuliche geschäftliche Resultate
zu verzeichnen haben. Allerdings mag die Gründung dieser Genossenschaften unter besonders günstigen Verhältnissen vor sich
gegangen sein.

„Mehr als bei jeder anderen Genossenschaft ist die Lösung der Schwierigkeiten bei der Handwerkergenossenschaft auf die Personenfrage zurückzuführen. Nach einer Richtung hin haben die Förderungsbestrebungen des letzten Jahrzehnts ganz zweifellos sehr nachteilig gewirkt, wobei wir ganz absehen von Verwirrung, die dadurch hervorgerufen wurde, daß die neue Ära eingeleitet wurde mit schweren Angriffen auf die Schulze-Delitzschschen Genossenschaften — man hat dem Handwerkergenossenschaftswesen Ziele gesteckt, die nicht erreicht werden können; man hat die Vorteile des Handwerkergenossenschaftswesens in einer Weise geschildert, daß in den weiteren Kreisen des Handwerks angenommen werden mußte, die wirtschaftlichen Vorteile ergeben sich ganz von selbst, wenn nur die Genossenschaft besteht, und die wirtschaftlichen Vorteile müssen zur Besserung der wirtschaftlichen Lage des Handwerks führen. Es ist vollkommen übersehen, daß die Handwerkergenossenschaft nur eine Hilfsorganisation ist, bestimmt, nach verschiedenen Richtungen hin dem Handwerker wirtschaftliche Vorteile zuzuführen. Die Handwerkergenossenschaft hat nicht die Aufgabe, an und für sich den Gesellen die Selbständigmachung zu erleichtern, sondern sie soll dem selbständigen Meister die Möglichkeit bieten, seinem Betriebe die Vorteile des Großbetriebes zuzuführen, sei es bei dem gemeinschaftlichen Einkauf der Rohmaterialien, sei es bei der Nutzbarmachung von Maschinen, sei es bei der Anpassung des Warenabsatzes an die Bedürfnisse des heutigen Lebens. Selbständig soll nur der Gewerbtreibende werden, der die nötige technische Ausbildung genossen, der über die nötigen kaufmännischen Kenntnisse verfügt, und der auch vor allen Dingen bereits ein genügendes eigenes Vermögen besitzt — nur wenn diese drei Voraussetzungen gegeben sind, soll er sich auf eigene Füße stellen. Wenn dann in der richtigen Weise die genossenschaftliche Organisation bei derartigen lebensfähigen Handwerkern Verwendung findet, werden die großen wirtschaftlichen und sozialen Vorteile, die aus der genossenschaftlichen Organisation fließen, nicht ausbleiben." (Mein Buch: „Einführung in das Genossenschaftswesen", S. 192.)

§ 12.

Das Genossenschaftswesen und der Kleinhandel.

Die Lage des Kleinhandelsstandes ist ähnlich der des Handwerks. Die wirtschaftlichen Schwierigkeiten sind hier wie dort im wesentlichen die gleichen und sind auch auf ähnliche Ursachen zurückzuführen. Allerdings kommt bei dem Kleinhandelsstand noch als erschwerendes Moment in Betracht, daß eine große Anzahl Elemente Eingang gefunden haben, die nicht gelernte Kaufleute sind und zum Teil die „kaufmännische Tätigkeit" nur ausüben, um sich einen kleinen Nebenverdienst zu schaffen. Ganz besonders schlecht liegen in dieser Beziehung die Verhältnisse in den größeren Städten. Mit Fug und Recht ist von den eigenen Interessenvertretungen des Kleinhandels darauf hingewiesen, daß jede Besserung der Verhältnisse dadurch bedingt ist, daß es die positive Aufgabe des Kaufmannsstandes ist, aus sich selbst heraus Mittel und Wege zu finden, die dem Gewerbtreibenden seine berechtigte Stellung gegenüber dem Übergewicht vor allem auch der konkurrierenden Konsumvereine, allmählich wieder zurückgibt. So äußerte sich z. B. eine Versammlung von Handelskörperschaften, die im Jahre 1895 auf Veranlassung der Handelskammer Osnabrück stattfand. Und als die unerläßliche Grundlage für diesbezügliche Bestrebungen wurde die gemeinsame gewissenhafte Feststellung der Existenzgrundlagen des Kleinhandels angesehen. Es wurde eine Kommission eingesetzt, deren Arbeitsergebnisse bestätigten, daß die größten wirtschaftlichen Schwierigkeiten, die der Kleinhandel zu überwinden hat, in seinen eigenen Kreisen zu suchen sind. Die Kleinhändler glauben, in den Konsumvereinen ihre größten Gegner zu erblicken, und nach wie vor gehen alle ihre Bestrebungen darauf hin, den Geschäftsbetrieb der Konsumvereine zu schwächen. Vergeblich sind alle diese Bemühungen gewesen, sie haben im Gegenteil alle nur der stärkeren Entwicklung der Konsumvereine gedient. Bei den Verhandlungen in einem für diesen Zweck eingesetzten Ausschuß des deutschen Handelstages hat Dr. Soetbeer mit Recht erklärt, „bei der vorliegenden Frage müsse man sich von dem Grundsatz leiten lassen, lediglich die zurzeit zum Schaden des Kleinhandels bestehenden gesetzlichen Bevorzugungen der Genossenschaften zu beseitigen; die Genossenschaften an sich zu bekämpfen, weil sie dem Kleinhandel eine fühlbare Konkurrenz bereiten, gehe zu weit; wenn der Kleinhandel für sich selbst die Bildung von Genossenschaften erstrebe, dürfte er nicht anderen Bevölkerungskreisen die genossenschaftliche Tätigkeit erschweren oder zu verhindern suchen." Und die Lage hat hier auch in dieser Beziehung eine große Ähnlichkeit mit der des Handwerks. Auch das Handwerk hat immer wieder von neuem die Konsumvereine zu bekämpfen versucht und hat sich dann mit sich selbst in Widersprüche verwickelt, weil es nun für sich auf die Bildung von Genossenschaften zurückgreifen wollte.

Die Vorteile der genossenschaftlichen Organisation für den Kleinhandel liegen hauptsächlich, wenn nicht ausschließlich — abgesehen
natürlich von den Kreditgenossenschaften, die allen Gewerben in gleicher Weise dienen — auf dem Gebiet des gemeinschaftlichen Wareneinkaufs. Es ist aber auch hier wieder
den Kleinhändlern ähnlich wie den Handwerkern ergangen. Sie
wollten nicht sich an die alten Erfahrungen halten, sondern meinten,
selbständig neue Wege einschlagen zu können. Und dabei hat man
üble Erfahrungen gemacht. Man überstürzte die Gründung von Einkaufsgenossenschaften, und anstatt die vorhandenen Genossenschaften
sich erst einleben und kräftigen zu lassen, vereinigte man sie gleich
wieder zu einer Zentrale zum gemeinschaftlichen Einkauf. Gleichzeitig wurde an die Errichtung einer Zuckerfabrik gegangen. Bei der
letzteren ergaben sich bald schwere Verluste, die zum Teil auf eine
ganz verfehlte Anlage zurückzuführen waren. Auch bei der Zentral-
einkaufsgenossenschaft zeigten sich Mißstände, die dann natürlich
auf die ganze Bewegung zurückwirkten.

Bei den Einkaufsgenossenschaften der Händler wie bei den
Genossenschaften der Handwerker hat sich die vollständige Miß-
achtung der historischen Entwicklung des Genossenschaftswesens
als schwerer Nachteil ergeben.

§ 13.

Das Genossenschaftswesen und die Arbeiterschaft.

Produktivgenossenschaft. Es ist darauf hingewiesen
(§ 11), daß Schulze-Delitzsch in der Produktivgenossenschaft das
Ziel der genossenschaftlichen Entwicklung erblickte.

Mit dem Wort „Produktivgenossenschaft" werden sehr ver-
schiedenartige genossenschaftliche Unternehmungen bezeichnet. Zu
den Produktivgenossenschaften können jene Unternehmungen gezählt
werden, in denen die Arbeiter und Angestellten nicht bloß Anteil
am Gewinn, sondern auch an der Leitung infolge philanthropischer
Gesinnungen der Unternehmer erlangt haben. Man kann hier von
Wohlfahrtsproduktivgenossenschaften sprechen. Zu den Produktivgenossenschaften zählen auch jene, deren Grundlage wesentlich das
kapitalistische Interesse ausmacht. Es sind Genossenschaften, gegründet von Unternehmern, um höhere Erträgnisse aus ihrem Kapital
zu erzielen. Das sind Gesellschaften, bei denen die genossenschaftliche Form wohl nur gewählt ist, weil sie als Rechtsform sich gerade

am besten zu eignen schien. Auch die Produktivgenossenschaften, bei denen es sich um Nebengewerbe der Landwirtschaft handelt, könnten, wie wir gesehen haben (§ 11), ebenso gut, häufig besser, eine andere Gesellschaftsform als die Genossenschaft wählen. Zu den Unternehmerproduktivgenossenschaften sind zu zählen die Brau-genossenschaften, die meist aus den Eigentümern derjenigen Grund-stücke der betreffenden Städte bestehen, auf denen sogenannte Brau-gerechtsame ruhten. Es sind dies Unternehmerproduktivgenossen-schaften. Oft muß Art und Geschäftsbetrieb genauer erforscht werden, um den Charakter der Genossenschaft zu erkennen. Es gibt genossen-schaftliche Buchdruckereigenossenschaften, bei denen es sich um Herausgabe einer Zeitschrift handelt, wo auch nur die Form der Genossenschaft aus irgend welchen Zweckmäßigkeitsgründen gewählt ist. Auf der gleichen Stufe stehen die Konsumentenproduktiv-genossenschaften. Es sind dies meist Bäckereigenossenschaften, bei denen Konsumenten die Genossenschaft gebildet haben, unter be-sonders günstigen Bedingungen Brot für sich herzustellen. Wenn man will, könnte man bei diesen Genossenschaften auch von Werk-genossenschaften sprechen, indem man sich anlehnt an die alte Dorf-einrichtung mit dem gemeinschaftlichen Backofen. Die Produktiv-, genossenschaft im eigentlichen Sinn des Wortes muß zur Aufgabe haben, die Lage der Angehörigen der arbeitenden Klassen (Hand-werker [§ 11] oder Arbeiter) zu verbessern. In ihrem Betriebe sind in erster Reihe die Mitglieder der Genossenschaft als Arbeiter be-schäftigt. (Vgl. über die Einteilung Häntschke: „Die gewerblichen Produktivgenossenschaften in Deutschland", 1894, S. 2 ff.)

In dem Abschnitt, der das Genossenschaftswesen und das Hand-werk (§ 11) behandelte, wurden bereits die Schwierigkeiten er-wähnt, die der Errichtung und Entwicklung einer Produktivgenossen-schaft der Handwerker entgegenstehen. Noch weit größer sind die Schwierigkeiten bei der Produktivgenossenschaft der Arbeiter. Nur in ganz vereinzelten Fällen sind solche Genossenschaften gelungen. Gelangten sie zur Blüte, so waren freilich die Mitglieder geneigt, sich gegen die Aufnahme neuer Mitglieder zu verschließen, und oft genug hat dann die Genossenschaft einen vollkommen privatgesell-schaftlichen Charakter erhalten. In engstem Zusammenhang mit der Produktivgenossenschaft steht die Frage der Gewinnbeteiligung der Arbeiter am geschäftlichen Unternehmen. Schulze-Delitzsch legte Gewicht auf die Beteiligung der Arbeiter am Gewinn, er betrachtete die Gewinnbeteiligung als den Weg. „zu einer höheren und vollendeteren Form der industriellen Genossenschaft, in welcher die sämtlichen Faktoren der modernen Industrie — die technische und

kaufmännische Kapazität, die physisch mechanische Arbeitsverrich-
tung und das Kapital — in ihren Trägern zu gemeinschaftlichem
Unternehmen ihre Stelle fänden, jedes dem Werte seiner Leistungen
gemäß gelohnt" (Häntschke, S. 334). Fassen wir die Schwierigkeiten zusammen, so finden wir: die Erlangung des Betriebskapitals,
die Heranziehung geeigneter, geschulter kaufmännischer und tech-
nischer Kräfte für die Leitung, vor allem aber, und dies ist die
größte Schwierigkeit, die Erkenntnis der Mitglieder, ihre ganze Kraft
dem Unternehmen zur Verfügung stellen zu müssen, gleichzeitig sich
unterzuordnen unter den einheitlichen Willen der Leitung, schlechte
Zeiten über sich ergehen zu lassen, ohne dem Unternehmen untreu
zu werden. Arbeitsrecht und Arbeitspflicht der Mitglieder führen
oftmals zu Konflikten. Das größté Hindernis für das Aufkommen
der Produktivgenossenschaften aber ist die wirtschaftliche und politische Entwicklung Deutschlands gewesen. Vielleicht mehr noch
als die wirtschaftliche, ist die politische in Betracht zu ziehen.
Lassalle trat mit ganzer Wucht den Schulze-Delitzschschen Bemühungen, die Arbeiter für die Produktivgenossenschaften zu gewinnen, entgegen. Lassalle war ursprünglich wohl selbst für die
freie Produktivgenossenschaft gewesen, doch bald ging er zu dem
Plan der selbständigen Produktivgenossenschaft mit Staatshilfe über.
Bernstein hat darauf hingewiesen, daß Karl Marx sich zugunsten der
freien Produktivgenossenschaft ausgesprochen, die er als Vorstufe
der künftigen genossenschaftlichen Produktion betrachtete. Ebenso
haben sich Beschlüsse der internationalen Kongresse zu Genf 1866
und Lausanne 1867 für die Produktivgenossenschaften erklärt. Und
der letztere Kongreß empfahl sogar den Mitgliedern der Gewerkschaften, ihre Fonds zur Bildung oder Finanzierung von Produktivgenossenschaften zu verwenden. Bebel nahm damals einen ab-
weichenden Standpunkt ein und erklärte 1872, daß Produktivgenossenschaften nur gegründet werden müßten, um einer Anzahl gemaß-
regelter Gesinnungsgenossen eine Stütze zu bieten oder die Unternehmungen für die Partei zu agitatorischen Zwecken dienstbar zu
machen. Die Frage der staatlichen Unterstützung der Produktivgenossenschaften hat auch das Preußische Abgeordnetenhaus beschäftigt, wo Wagener den Plan Lassalles, Produktivgenossenschaften
mit Staatshilfe zu begründen, vertrat. Wir erwähnten bereits das
Eintreten Hubers für die Produktivgenossenschaft. Ketteler, der
hervorragendste Sozialpolitiker der katholischen Kirche, trat für
Produktivassoziationen auf christlicher Grundlage ein (Fläxl, S. 149);
er verwarf das Lassallesche System als einen Eingriff in das Eigen-
tumsrecht und glaubte, daß die wahre Förderung der Produktiv-

assoziationen allein durch Mittel erfolgen könnte, die eben nur dem Christentum zu Gebote stehen.

Schulze-Delitzsch gab nicht das Losungswort für die Arbeiter aus, Produktivgenossenschaften zu gründen, er verlangte vielmehr vorsichtiges Vorgehen, schon weil es an den nötigen Erfahrungen mangelte. Und wie recht er damit gehabt, beweist das Schicksal der Produktivgenossenschaften (vgl. Häntschke). Auch die Kommission, die im Jahre 1865 über die Frage: „Was kann geschehen, um die auf Selbsthilfe beruhenden Genossenschaften zu fördern?" tagte, hat sich mit der Produktivgenossenschaft beschäftigt, und der Minister v. Itzenplitz bezeichnete sie „als die Blüte des ganzen Genossenschaftswesens", fügte aber auch gleich hinzu, daß es die schwierigste Genossenschaftsart sei, „denn sie setze voraus, daß die Teilnehmer nicht bloß die nötige Technik und Fertigkeit haben, um die Erzeugnisse zu fabrizieren, sondern auch ein gewisses Kapital vor allem, wenn sie die Eigenschaften besitzen, welche erforderlich sind, um die kaufmännische Leitung des Geschäftes zu besorgen, Eigenschaften, welche vielfach bei jungen Vereinen noch nicht vorhanden sind und im Laufe der Zeit oft erst mit schweren Erfahrungen erworben werden."

Lassalle gelang es, Bismarck für seine Pläne zu interessieren. Unter Leitung des sozialdemokratischen Agitators Florian Paul wurde in Reichenbach i./Schl. eine Weberproduktivgenossenschaft gegründet, die aus einem besonderen Fonds 12000 Taler erhielt. Schon im August 1865 mußte die Produktivgenossenschaft unter Verlust des größten Teils des vom Könige gespendeten Geldes ihre Tätigkeit einstellen.

Man wird Bernstein (Genossenschafts-Pionier, 1902, S. 119) recht geben müssen, wenn er ausführt: „Noch lange Zeit später hat die Forderung der Assoziationswerkstätten, der Produktivgenossenschaften im Vordergrund gestanden. Indes entspricht dieses Ideal der Produktivgenossenschaften in dem Sinne, wie es 1848 und noch später propagiert wurde, gar nicht dem Wesen der modernen Großindustrie, die damals allerdings in Deutschland auch erst in ihren Kinderschuhen steckte: Das Ideal der Produktivgenossenschaft ist vielmehr noch das Ideal einer verhältnismäßig gering entwickelten Industrie, ein Ideal, das der Klein- und Mittelindustrie entspricht. Der Wunsch, irgend eine der modernen großen Riesenunternehmungen mit ihren darin beschäftigten Kollegen auf gemeinsame Rechnung zu betreiben, wird und kann aus einer ganzen Reihe von Gründen bei den Arbeitern der Jetztzeit nur schwach entwickelt sein. Die Arbeiter denken jetzt vielmehr an die Übernahme dieser großen Betriebe durch das Gemeinwesen, ob Staat oder Gemeinde." So liegen die Dinge tatsächlich, damit ist aber auch das Urteil über die Produk-tivgenossenschaften gesprochen; sie werden im günstigsten Falle vervollkommnete Handwerksbetriebe sein.

Zu den Produktivgenossenschaften zu zählen sind in gewissem Sinne auch die Siedlungsgenossenschaften. Zweck dieser Genossenschaftsart ist, Land und Stadt zu verbinden. Allerdings gehört die Genossenschaft mehr zu den landwirtschaftlichen Produk-tivgenossenschaften, und zwar zu jener Produktivgenossenschaft, von der wir sagten, daß sie als Genossenschaft den ganzen Betrieb umfaßt. Ihr Befürworter ist vor allem Dr. Oppenheimer. Die Ge-winnbeteiligung der Arbeiter soll den Ausgangspunkt für die Ent-wicklung der Genossenschaft abgeben, mittels der Gewinnbeteiligung der Arbeiter soll schließlich die Wirtschaft in den Besitz der Ge-nossenschaft übergeführt werden. Über die Versuche ist die Sache bisher wohl nicht hinausgekommen.

Zu den Genossenschaften, deren Gründung wesentlich durch Rücksichten auf das Wohl der Arbeiter beeinflußt wird, gehört die Baugenossenschaft.

Gegenstand des Unternehmens einer solchen ist Miete, Ankauf oder Bau von Häusern und deren Überlassung an die Mitglieder zu Miete oder zu Eigentum.

Es soll hier nicht auf die Wohnungsfrage selbst eingegangen werden, deren große wirtschaftliche und soziale Bedeutung heute wohl von keiner Seite unterschätzt wird. Die Baugenossenschaft dient der Befriedigung des Wohnungsbedürfnisses. Es liegt aber in der Natur der Sache, daß sie nur in beschränktem Umfang wirken kann. Und wenn von manchen Seiten der Baugenossenschaft zu-gemutet wurde, die Wohnungsfrage zu lösen, so lag hierin eine Überschätzung der Bedeutung, die für die Baugenossenschafts-bewegung selbst keineswegs von Vorteil wurde. Namhafte Volks-wirte erblickten aber in der Baugenossenschaft ein wichtiges Mittel zur Lösung der Wohnungsfrage, sogar der Bodenfrage, und da, wie wir sehen werden, den Baugenossenschaften schließlich erhebliche Mittel aus öffentlichen Anstalten zur Verfügung gestellt wurden, machte sich eine lebhafte Beunruhigung in den Kreisen der Haus- und Grundbesitzer bemerkbar, die bereits die Verdrängung des Privat-besitzes durch die Baugenossenschaft zu erblicken glaubten. Das waren Übertreibungen auf der einen wie auf der andern Seite. Bei aller Anerkennung des großen Wertes, den die Baugenossenschaft hat, darf nicht verkannt werden, daß sie schließlich immer nur das letzte Hilfsmittel ist, auf das zurückgegriffen werden kann, schon

deswegen, weil die Baugenossenschaft der Eigenart der Genossenschaftsgesetzgebung keineswegs durchweg entspricht.

Die Baugenossenschaftsbewegung wurde bereits im Jahre 1865
energisch in Angriff genommen. Schon auf dem Allgemeinen Vereinstag zu Mainz (1864) wurde beschlossen, die Frage der Gründung von Arbeiterwohnungen auf genossenschaftlichem Wege auf
die Tagesordnung des nächsten Allgemeinen Vereinstages zu setzen.
Der volkswirtschaftliche Kongreß nahm sich der Angelegenheit an.
Der Stettiner Vereinstag (1865) erklärte: „Dem Mangel an guten,
gesunden Arbeiterwohnungen können in der Regel auf dem Prinzip
der Selbsthilfe beruhende Baugenossenschaften abhelfen, sofern dieselben kleine, für je eine Familie bestimmte Häuser bauen und ihren
Mitgliedern gegen ein Kaufgeld, welches durch terminliche, auf eine
·Reihe von Jahren zu verteilende Raten amortisiert wird, zu aus-
schließlichem Eigentum überlassen." In gleichem Sinn äußerten
sich die deutschen Gewerkvereine. Auf dem entgegengesetzten Standpunkt stand die Sozialdemokratie, die sich in einer Berliner Volks-
versammlung dahin aussprach, daß nur der sozialdemokratische Staat,
in dem Grund und Boden Gemeingut sei, die Wohnungsfrage beseitigen könne. Wäre es nach ihr gegangen, hätte unter der Herrschaft der heutigen Wirtschaftsordnung gar nicht einmal der Versuch gemacht werden können, die bessernde Hand anzulegen. Schulze-
Delitzsch interessierte sich lebhaft für die Frage und er suchte insbesondere die Schwierigkeiten, die sich der Kapitalbeschaffung ent-
gegenstellten, zu überwinden. Er versuchte es mit einer Arbeitsteilung: dem Zweck der Kapitalbeschaffung sollte eine Aktiengesellschaft dienen, und der Genossenschaft der Wohnungsbedürftigen
sollte dann zufallen die Abnahme der ausgeführten Bauten, die
Verteilung der Wohnungen unter die Bewerber, die Aufbringung
der dazu erforderlichen baren Zahlungsmittel. Schulze-Delitzsch verlangte die Zurverfügungstellung öffentlicher Mittel, da mit Privat-
kapital der Beteiligten allein hier nichts zu machen sei. In größerer
Zahl wurden Baugenossenschaften ins Leben gerufen, meist allerdings zur Herstellung von kleinen Eigenhäusern. Es war dies eine
Folge der unbeschränkten Haftpflicht, die damals die allein geltende
Haftart bildete. Erst nach Zulassung der beschränkten Haftpflicht,
konnte die zweite Baugenossenschaftsart, die der Herstellung von
Mietswohnungen dient, sich kräftiger entwickeln. Jedoch haben auch
solche Genossenschaften bereits in den 60 er Jahren bestanden.
Die schwere Wirtschaftskrisis der 70 er Jahre bereitete den meisten
Baugenossenschaften ein jähes Ende. Dann setzte eine neue Periode
nach dem Gesetz von 1889 wieder ein, als die Gründung von Ge-

nossenschaften mit beschränkter Haftpflicht zugelassen wurde, und als vor allem die Alters- und Invaliditätsversicherungsanstalten und einzelne Staaten, das Reich, auch Kommunen das notwendige Betriebskapital zu den günstigsten Bedingungen zur Verfügung stellten. An derartigen Mitteln sind den Baugenossenschaften bis zum 31. Dezember 1906 von 31 Versicherungsanstalten rund 160 000 000 Mk. gewährt. Dazu kamen dann noch die Mittel des Reiches und der Bundesstaaten. So stellte das Reich für die Jahre 1901, 1902, 1903, 1904 im ganzen 15 000 000 Mk. zur Verfügung — seitens des preußischen Staates sind bis 1906 89 000 000 Mk. bereitgestellt. Ob man in der Förderung nicht vielleicht etwas zu weit gegangen? Das soll hier nur als Frage aufgeworfen werden, jedenfalls hat es der Westerlander Genossenschaftstag (1905) für notwendig erachtet, zur Vorsicht bei der Gründung zu mahnen, indem er erklärt:

„Die Gründung von Baugenossenschaften zur Erbauung von Wohnungen für gewerbliche Arbeiter ist nur an solchen Orten vorzunehmen, an denen folgende Voraussetzungen zutreffen: Offenbarer Mangel an Kleinwohnungen, eine Industrie, die sich auf verschiedenen Gebieten bewegt, eine genügende Anzahl gut gelohnter Arbeiter, geeignete Personen zur Besetzung der Vereinsorgane."

Eine Sonderstellung auf diesem Gebiet nehmen naturgemäß das Reich, der Staat und die Kommune insoweit ein, als sie als Arbeitgeber beteiligt sind. Hierbei handelt es sich um die Schaffung von Organisationen, denen die Bereitstellung der notwendigen Wohnungen obliegt. Man wählt den Umweg, weil erfahrungsgemäß die Arbeiter in die vom Staat oder Kommune für sie errichteten Wohnungen nur ungern einziehen in dem Glauben, dabei den letzten Rest ihrer Selbständigkeit aufgeben zu müssen. Die Genossenschaft aber ist das Unternehmen der beteiligten Arbeiter, ihr gelingt es daher auch, die Wohnungsbedürftigen für die Sache zu gewinnen.

Jahre hindurch gab es eine lebhafte Kontroverse, ob die Genossenschaft für Herstellung von Mietswohnungen oder jene für Errichtung von Eigenhäusern den Vorzug verdient. Der Allgemeine Vereinstag zu Neustadt a./H. (1898) erklärte sich mit Recht dahin:

„Jede der beiden Genossenschaftsarten, wenn richtig den örtlichen Verhältnissen angepaßt und nach genossenschaftlichen Grundsätzen geleitet und verwaltet, ist wirtschaftlich und sozial der anderen gleichwertig, auch können sehr wohl beide Aufgaben durch eine Genossenschaft verfolgt werden."

Und die Entwicklung hat die Richtigkeit der hier ausgesprochenen Ansicht bestätigt. Die lokalen Verhältnisse und Bedürfnisse sind

entscheidend dafür, ob die eine oder andere Genossenschaftsart
gewählt werden soll. Oft genug wird die eine Genossenschaft nach
beiden Richtungen hin zu wirken versuchen. Der Abnehmerkreis
für die Wohnungen, bzw. die Häuser, ist naturgemäß ein verschiedener. Scheint auf den ersten Blick die Baugenossenschaft zur
Herstellung von Mietwohnungen in der Organisation und der Verfolgung des Zweckes erheblich einfacher, so arbeitet doch eine Baugenossenschaft, die der Herstellung von Eigenhäusern dient, voraus-
gesetzt nur, daß sie einen für die Verfolgung ihres Zieles geeigneten Mitgliederkreis besitzt, erheblich leichter, weil bei ihr sich
die Vermögenswerte umsetzen. Die Genossenschaft für Herstellung
von Mietwohnungen bleibt im Besitz des Grundstücks, ihr Kapital
liegt fest; die Baugenossenschaft zur Herstellung von Eigenhäusern
dagegen setzt ihr Kapital bei dem Verkauf dieser um. Vielfach ist
die Befürchtung geäußert, daß die Mitglieder der letzteren selbst
wieder als Hausbesitzer Herrschaftsgelüste äußern würden. Dem
kann entgegengewirkt werden durch: die grundbuchmäßige Eintragung des Vorkaufrechts für die Genossenschaft gemäß §§ 1094 ff.
B.G.B.; die grundbuchmäßige Eintragung des Wiederkaufrechts zugunsten der Genossenschaft für die ersten 30 Jahre nach der Auf-
lassung; die Inanspruchnahme eines Teiles des bei einem späteren
Verkaufe erzielten Gewinns für die Genossenschaft (Zuwachssteuer).

Oft ist die Rede davon, daß der Bau- und Sparverein eine
besondere Art der Baugenossenschaft bilde. Diese Ansicht ist wohl
auf Unkenntnis der geschichtlichen Entwicklung der Baugenossenschaften zurückzuführen. Als nach 1889 mit Hilfe der Mittel der
Versicherungsanstalten eine Reihe Baugenossenschaften gegründet
wurden, die zur Heranziehung der Kapitalien aus den eigenen Kreisen
Sparkassen gebildet hatten, wurde vollständig übersehen, daß solche
Genossenschaften bereits in größerer Zahl bestanden hatten. Gerade
auf dem Gebiet des Genossenschaftswesens kann man häufiger die
Beobachtung machen, daß irgendwo entstehende neue Genossenschaften sich rühmen, als erste neue Systeme versucht zu haben,
während es sich in Wirklichkeit um einen Vorgang handelt, der
schon vielfach erprobt ist. Und wenn man dann wirklich sich über
die Erfahrungen der Geschichte hinwegsetzt, muß man Lehrgeld
zahlen. Das ist auch der Fall, wo eine Sparkasseneinrichtung ohne
weiteres in den Dienst der Baugenossenschaft gestellt wird. Die sogenannten Spargelder der Mitglieder der Baugenossenschaften eignen
sich meist nicht zur Festlegung in den Bauten der Baugenossenschaft, weil sie bei Krankheitsfällen, Verzug und dergl. mit kürzester
Kündigungsfrist zurückgezogen werden. Überhaupt ist eine zu weit

gehende finanzielle Verbindung der Baugenossenschaft mit ihren Mitgliedern nicht gut.

Es ist bereits erwähnt, daß es zweifelhaft sein kann, ob über-haupt die Baugenossenschaft vollkommen zu dem Wesen des Ge-nossenschaftsgesetzes paßt. Die Baugenossenschaft stellt eine Gesell-schaft zur Benutzung oder Verwertung von Immobilien dar, d. h. sie legt die Gelder auf lange Zeit fest an, während sie doch eine Personal-gesellschaft mit wechselndem Mitgliederbestand ist. Auch ist zu be-rücksichtigen, daß das der Genossenschaft eigenartige gleiche Stimm-recht der Mitglieder nicht immer zu den sehr verschiedenen Interessen der Mitglieder einer Baugenossenschaft paßt. Um so mehr ist Vor-sicht bei der Heranziehung fremden Kapitals notwendig. Wie wenig sich der Sparkassenverkehr eignet, ergibt sich daraus, daß bei einer Baugenossenschaft, die von ihren Mitgliedern Spareinlagen hat, ein Zerwürfnis mit diesen Mitgliedern nach drei Richtungen hin wirken kann: die von diesen Mitgliedern innegehabten Wohnungen werden leer; die Genossenschaft verliert gleichzeitig mit den Mieten Mit-glieder, denen sie das Geschäftsguthaben auszahlen muß, und die Genossenschaft muß auch ferner noch für die Bereitstellung der Spar-einlagen Sorge tragen, wenn solche von diesen Mitgliedern ihr zur Verfügung gestellt sind.

Konsumverein. Von größter Bedeutung für die arbeitenden Klassen ist der Konsumverein geworden. Der Konsumverein hat zum Gegenstand des Unternehmens den gemeinschaftlichen Einkauf von Lebensmitteln und Wirtschaftsbedürfnissen im großen und Ab-laß im kleinen an die Mitglieder.

Der wirtschaftliche Erfolg des Konsumvereins besteht haupt-sächlich darin, daß die Mitglieder durch das Eintreten der Genossen-schaft bei dem Warenbezug sich der Vorteile des Großeinkaufs er-freuen. Der Konsumverein hat überdies vielfach preisregulierend gewirkt und dadurch den gesamten Kleinhandel am Orte auch zu-gunsten der Nichtmitglieder beeinflußt. Dazu kommen bei dem Konsumverein noch die mehr sozialen Aufgaben, die insbesondere sich dann betätigen, wenn der Konsumverein streng an den Grund-sätzen der Barzahlung festhält. Und vielfach ist es dem Konsum-verein durch die ihm eigene Art der Verteilung der Überschüsse gelungen, Arbeiter aus einer gewissen wirtschaftlichen Abhängigkeit zu befreien, Ordnung in ihren Haushalt zu bringen. Wie man es auszudrücken pflegt, spart das Mitglied bei dem Konsumverein, ohne sich Entbehrungen aufzuerlegen, d. h. die Vorteile, die sich durch den Warenbezug im großen für den einzelnen ergeben, kommen nicht sogleich zur Auszahlung, sondern werden als Dividende aufgespart.

Endlich ist auch nicht zu unterschätzen, daß in dem Konsumverein den Mitgliedern Gelegenheit geboten wird, sich mit geschäftlichen Unternehmungen vertraut zu machen. Es ist oft erstaunlich, wie Männer aus dem Volke, die nur als einfache Arbeiter tätig gewesen, in der Verwaltung des Konsumvereins ihren Blick, ihre geschäftlichen Kenntnisse erweitern, so daß sie schließlich tüchtige Geschäftsführer großer Konsumvereine mit großen Produktionsbetrieben werden.

Lassalle hat derzeit aufs lebhafteste die Gründung von Konsumvereinen bekämpft, weil nach seiner Theorie vom ehernen Lohngesetz die Arbeiter der Ersparnisse im Konsumverein doch nicht hätten froh werden können, da die Ersparnisse in der Lebenshaltung ein Sinken des Lohnes zur Folge haben müßten. Das eherne Lohngesetz ist heute auch von der Sozialdemokratie aufgegeben.

Der Konsumverein ist von Schulze-Delitzsch nicht als die Genossenschaft einer bestimmten Klasse gedacht, er sah im Gegenteil die soziale Bedeutung des Konsumvereins in dem Zusammenwirken der Angehörigen verschiedener Klassen. Die Verhältnisse haben dann aber dahin geführt, daß der Prozentsatz der den arbeitenden Klassen angehörigen Mitglieder von Jahr zu Jahr wuchs. Vor allem hat die Agitation der Gegner auf diese Entwicklung hingewirkt.

Die Kleinhändler stehen in ununterbrochenem Kampf gegen die Konsumvereine. Bereits im Jahre 1879 sah sich der Allgemeine Vereinstag zu Stuttgart genötigt, Stellung gegen die Forderungen der Kleinhändler, gerichtet auf Beschränkung des Geschäftsbetriebs der Konsumvereine, zu nehmen. Seitdem hat diese Agitation nicht geruht. Sie hat auch auf dem Gebiet der Gesetzgebung, wie wir gesehen, Erfolge gehabt. Den Konsumvereinen sind Steuerlasten aufgebürdet, es ist ihnen verboten, an Nichtmitglieder Waren abzugeben, auf die Übertretungen sind Strafen gesetzt. Alle diese Bestrebungen haben aber förmlich wie Agitationsmittel für die Ausbreitung der Konsumvereine gewirkt, die unschwer durch entsprechende Organisationsbestimmungen sich der veränderten Sachlage anzupassen imstande waren. Wohl aber hat die Agitation die bürgerlichen Elemente zum Teil aus den Konsumvereinen hinausgetrieben oder wenigstens erreicht, daß der Zuzug der Angehörigen der arbeitenden Klasse erheblich stärker wurde als der der bürgerlichen.

Bei dem Konsumverein tritt am schärfsten die Wirkung hervor, die sich daraus ergibt, daß die Genossenschaft die Arbeitsteilung in gewissem Sinn wieder aufhebt. Die Genossenschaft schaltet Arbeitskräfte aus. Am deutlichsten zeigt sich dies bei jenen Genossenschaften, die den Kleinhandel zu ersetzen bestimmt sind. So hat sich eine lebhafte Agitation der Kleinhändler entwickelt, die sich durch landwirtschaftliche Bezugsgenossenschaften, Konsumvereine und ähnliche Arten in ihrer Existenz bedroht sehen. Wie wir festgestellt, haben die Genossenschaften dabei keinen Schaden genommen; wohl aber haben die den Kampf führenden Händler auf den Kampf Arbeit und Zeit verschwendet. Die wirtschaftlichen Schwierigkeiten, unter denen der Kleinhandel leidet, sind auch keineswegs nur hauptsächlich auf die Konsumvereine zurückzuführen (§ 12). Der Kampf gegen die Konsumvereine hat die Beteiligten nur von der richtigen Wahrnehmung ihrer Interessen abgelenkt. Man setzt den Kampf aber fort und gelangt zu immer neuen Forderungen. Man begehrt jetzt ein Verbot der Verbindung des Konsumvereins mit der Produktivgenossenschaft, es soll der Konsumverein nicht gleichzeitig der Warenproduktion dienen — natürlich ein ganz unmögliches Verlangen, denn keine Regierung könnte sich bestimmen lassen, einen so weitgehenden Einfluß auf die Reglementierung des Geschäftsbetriebes einer Genossenschaft auszuüben —, schon der Konsequenzen halber nicht. — Man verlangt ein Verbot der Dividendenverteilung für Konsumvereine, weil die Dividenden ein „Lockmittel" seien. Treffend hat sich hierüber der Allgemeine Genossenschaftstag zu Danzig (1903) ausgesprochen: „daß in einem derartigen Verbot ein Mittel zu erblicken ist, das die Konsumvereine in der Erfüllung ihrer ethischen und erzieherischen Aufgaben empfindlich schädigen würde, dabei aber keineswegs geeignet ist, dem Kleinhandel Schutz und Vorteil zu bringen." — Man verlangt ein Verbot der Teilnahme der Beamten an der Verwaltung der Konsumvereine. Auch diese Forderung, einmal erfüllt, würde natürlich nicht auf die Konsumvereine beschränkt bleiben, sondern die landwirtschaftlichen Genossenschaften würden alsbald einbezogen werden, und auf ihre Entwicklung dürfte das Verbot noch viel verhängnisvoller wirken, da oft genug der Lehrer oder der Geistliche allein imstande sind, die Geschäfte der Genossenschaft auf dem Lande zu führen. — Man fordert die Heranziehung der Konsumvereine zu den Steuern, wobei man übersieht, daß die Konsumvereine heute in allen Bundesstaaten den Gewerbtreibenden nicht bloß mit Steuerlasten gleichgestellt sind, sondern vielfach mehr Steuern wie jene zu tragen haben. Dabei ergibt sich nun hier die Ungerechtigkeit, daß einerseits den Konsumvereinen die Rechte der Gewerbtreibenden genommen, d. h. daß es ihnen untersagt wird, Waren an Nichtmitglieder abzugeben, während andererseits ihnen die steuerlichen und sonstigen Verpflichtungen der Gewerbtreibenden auferlegt werden.

Die Folge dieser Agitation war nun, daß einerseits sich die bürgerlichen Kreise vielfach von diesen Genossenschaften zurückzogen, andererseits sich die Arbeiter um so intensiver der Bewegung bemächtigten.

Eine neue Richtung kam unter den Konsumvereinen auf. Die Konsumvereine wurden in die Arbeiterbewegung einbezogen (Crüger, Einführung in das Genossenschaftswesen, S. 235 ff.). Auf dem Parteitag zu Hannover im Jahre 1899 hat Bebel sich dahin ausgesprochen, daß er der Gründung von Wirtschaftsgenossenschaften neutral gegenüberstehe, in der Gründung solcher Genossenschaften, wie in jeder Organisation der Arbeiter zur Wahrung und Förderung ihrer Interessen ein geeignetes Mittel zur Erziehung der Arbeiterklasse zur selbständigen Leitung ihrer Angelegenheiten sehe, aber doch diesen Wirtschaftsgenossenschaften keine soziale Bedeutung für die Befreiung der Arbeiterklasse aus den Fesseln der Lohnsklaverei beimesse. Das Vordringen der evolutionistischen Theorie hat jedoch mehr und mehr das Konsumvereinswesen in den Vordergrund gebracht. Jaurès z. B. sieht in den Konsumvereinen Mittel, in die heutige Gesellschaft Eigentumsformen einzuführen, die die neue Gesellschaft ankündigen und vorbereiten. Unter derartigen Bestrebungen ist die Neutralität der Konsumvereine natürlich mehr oder weniger zum Schlagwort geworden. Offen ist verkündet, daß das Konsumvereinswesen als drittes Glied in der Kette der Arbeiterorganisationen neben der sozialdemokratischen Partei und den Gewerkschaften der Befreiung der Arbeiterklasse dienen soll. Die Konsumvereine werden zu Kampfgenossenschaften herabgedrückt. Dr. H. Müller in seiner Schrift: „Die Klassenkampftheorie und das Neutralitätsprinzip der Konsumgenossenschaftsbewegung" bekämpft aufs lebhafteste diese Richtung, ohne daß er die deutschen Verhältnisse in seine Betrachtungen einbezieht. Und doch ist das Buch wie geschrieben zur Kritik jener Bestrebungen in Deutschland. Ist man hier doch sogar schon so weit gegangen, den Konsumvereinen die Bildung von Notfonds zur Beteiligung an Massenstreiks nahezulegen. Es besteht für die Konsumvereine die große Gefahr, daß sie ebenso wie die Gewerkschaften ein Annex der sozialdemokratischen Partei werden. Der Streit darüber, ob die Konsumvereine „sozialdemokratisch" sein sollen oder nicht, ist ein müßiger. Auf die Tendenz kommt es an. Und die Tendenz ist daraufhin gerichtet, aus den Konsumvereinen Klassengenossenschaften zu machen, Genossenschaften, die den einseitigen Arbeiterinteressen zu dienen bestimmt sind. Daran ändert auch nichts die Tatsache, daß wie auf dem Vereinstag des Zentralverbandes deutscher Konsumvereine im Jahre 1907 es gelegentlich zu scharfen

Auseinandersetzungen zwischen Gewerkschaften und Konsumvereinen kam, bei denen sich nur zeigt, welcher Unterschied ist zwischen dem Arbeiter, der gegenüber dem Arbeitgeber Forderungen stellt, und dem Arbeiter, der als Arbeitgeber diese Forderungen zu bewilligen hat.

Unabhängig von dieser Bewegung ist jene, die auf eine Sozialisierung der Wirtschaftsordnung mit Hilfe der Konsumvereine herauskommt, wenn sie auch ganz naturgemäß vielfach mit der eben geschilderten Richtung die Wege kreuzen muß. Die Führer dieser Bewegung stehen auf dem Boden Proudhons; sie glauben, den gesamten Handel mit Hilfe der Genossenschaft organisieren zu können, und sind der Meinung, daß, wenn erst der Handel organisiert ist, die Produktion in die Organisation des Handels würde einverleibt werden können — allen Krisen des wirtschaftlichen Lebens soll damit ein Ende bereitet werden. Während also Lassalle — allerdings mit Staatshilfe — die Gründung von Produktivgenossenschaften zur Regelung der Produktion erstrebte und ihm vorschwebte, daß eine derartige Organisation der Produktion schließlich zur Abschaffung des geschäftlichen Risikos führen könnte, haben wir es hier mit einem gleichen Ziel zu tun, das freilich auf entgegengesetztem Wege erreicht werden soll. Man beginnt nicht mit der Regelung der Produktion, sondern mit der der Konsumtion. Und wie gedenkt man das Ziel zu erreichen? Man will die Konsumvereine zum gemeinschaftlichen Wareneinkauf organisieren, und die Gesellschaft, die diesem Zweck dient, soll dann mit der Zeit die verschiedenen Produktionszweige in ihren Betrieb aufnehmen.

Es liegt freilich für die Konsumvereine, überhaupt für die wirtschaftlich verwandten Genossenschaftsarten, nahe, sich zum gemeinschaftlichen Warenbezug zu vereinigen. Und der gemeinschaftliche Wareneinkauf ist daher schon vor Jahrzehnten von den deutschen Konsumvereinen erörtert. Man hat auf das Vorbild im Ausland, insbesondere auf England hingewiesen, nachdem verschiedene Versuche in Deutschland gescheitert, und behauptet, daß, was in England erreicht wurde, auch in Deutschland durchgeführt werden könnte. Dabei hat man nur die vollkommen verschiedenen wirtschaftlichen, industriellen und geographischen Verhältnisse unbeachtet gelassen. Schon die geographische Lage der Konsumvereine zueinander in Deutschland weist darauf hin, daß eine Zentralisierung des gemeinschaftlichen Wareneinkaufs nach englischem Muster ausgeschlossen ist. Dazu kommen dann noch die sehr verschiedenartigen Lebensgewohnheiten.

Der Zentralverband deutscher Konsumvereine, der sich gebildet, nachdem es auf dem Allgemeinen Genossenschaftstag zu Baden-Baden (1901) und Kreuznach (1902) zu entscheidenden Auseinandersetzungen mit dem Allgemeinen deutschen Genossenschaftsverband über die Tendenz der Konsumvereine kam, nimmt für sich ganz besonders die Pflege des gemeinschaftlichen Wareneinkaufs in Anspruch. Die Hamburger Großeinkaufs-Gesellschaft, die Wareneinkaufs-Zentrale, operiert mit großen Zahlen. Betrachtet man diese jedoch genauer, so findet man, daß die großen Zahlen zum erheblichen Teil auf ein sehr einfaches Rechnungs-Inkassogeschäft zurückzuführen sind. Und trotz aller Bemühungen ist man auch dort mit der Eigenproduktion noch nicht weitergekommen.

Die Eigenproduktion bei den Konsumvereinen zeigt, daß Theorie und Praxis im wirtschaftlichen Leben nicht immer in vollster Übereinstimmung sich befinden. Es sind nur ganz gewisse Produktionszweige, die sich für die Konsumvereine als rentabel ergeben. Dahin gehört die Bäckerei. Hingegen hat man die schlimmsten Erfahrungen ebenso wie bei den landwirtschaftlichen Genossenschaften mit der Schlächterei gemacht. —

§ 14.

Das Genossenschaftswesen und die Beamten.

Der Beamte soll im bürgerlichen Leben keine Sonderstellung einnehmen, er soll sich insbesondere wirtschaftlich nicht absondern. Der Beamte, der sein Kreditbedürfnis befriedigen will, wird dies am besten tun, wenn er einer Kreditgenossenschaft beitritt. Will er den Vorteil des Konsumvereins erwerben, so mag er diesem beitreten. Auch die Baugenossenschaft verschließt sich nicht der Mitgliedschaft der Beamten. Gleichwohl findet man in der Beamtenschaft vielfach das Streben, sich abzusondern. Es ist dies bedauerlich, denn die Kluft zwischen den Nichtbeamten und den Beamten wird dadurch nur erweitert. Heute haben wir Beamtenkreditgenossenschaften, Beamtenkonsumvereine, Beamtenbaugenossenschaften, und diese Beamtengenossenschaften selbst haben sich wieder zu Verbänden zusammengeschlossen.

Unter besonderen Verhältnissen findet die Bildung einer Sondergenossenschaft für Beamte allerdings ihre Erklärung. Irrig wäre aber nun die Annahme, daß überall dort, wo heute Beamtengenossenschaften entstehen, auch derartige besondere Verhältnisse ihre zwingende Wirkung ausgeübt haben.

Keineswegs haben denn auch besonders zweckmäßige volkswirtschaftliche Erwägungen zur Bildung von Sondergenossenschaften
der Beamten geführt. Das trifft hauptsächlich auf die Kreditgenossenschaften zu. Hier ist nämlich wiederholt der Versuch gemacht, die
Lebensversicherung mit der Kreditgenossenschaft zu verbinden, oder
sogar die Kredite einzurichten auf die pfändbaren Teile der Pension.
Eine solche Verquickung mag dem Beamten allerdings über die
augenblicklichen finanziellen Schwierigkeiten hinweghelfen, sie bedeutet für ihn aber einen schweren finanziellen Schaden. Wird
z. B. die Kreditgewährung mit der Lebensversicherung in Verbindung gebracht, so muß in der Regel der Beamte eine weit über den
beanspruchten Kredit hinausgehende Lebensversicherung übernehmen
und zur Verzinsung kommen die hohen Prämiensätze der Lebensversicherung. Sobald die Höhe des Kredits es irgend gestattet, wird
ein entsprechender Teil der Lebensversicherung fallen gelassen. Und
so tritt für den Versicherten ein effektiver Verlust in die Erscheinung.

Grundsätzlich ist daran festzuhalten, daß die Beamten dann,
wenn sie für einen bestimmten Zweck aus der genossenschaftlichen
Organisation Vorteil ziehen wollen, sich jenen Genossenschaften an-
schließen, die alle Berufskreise umfassen.

Infolge eines schwankenden Verhaltens der Eisenbahn-
verwaltung ist die Förderung besonderer Konsumvereine der
Eisenbahner befürwortet. Durch Erlaß des Ministers von Budde
vom 29. Juni 1904 war den Beamten und Arbeitern zur Kenntnis
gebracht, daß der Minister die Bildung von Konsumvereinen nicht
gern sehe. Der Minister mußte diese einseitige Stellungnahme
schließlich aufgeben. Und nun ist nicht etwa den Beamten und
Arbeitern ihr Verhalten freigegeben, sondern besondere Konsumvereine der Eisenbahnarbeiter wurden in größerer Zahl ins Leben
gerufen. Gleiche Beobachtungen sind auf dem Gebiet der Baugenossenschaften gemacht. Allerdings, dort wo der Staat das Bau-
kapital zur Verfügung stellt, muß sein Recht anerkannt werden,
dafür zu sorgen, daß auch in erster Reihe die Beamten und Arbeiter
des Staates Vorteil aus den mit Staatsmitteln hergestellten Häusern
ziehen. Man hat sich aber nicht hierauf beschränkt, sondern es
sind direkt Beamtenbaugenossenschaften in Konkurrenz getreten
gegen Genossenschaften, die alle Berufsarten umfassen, natürlich
zum Schaden der sämtlichen beteiligten Baugenossenschaften.

§ 15.

Von der Organisation der einzelnen Genossenschaftsarten.

Bei der Gründung einer Genossenschaft ist in erster Reihe — abgesehen natürlich vom Bedürfnis und Heranziehung der geeigneten Personen zur Leitung der Genossenschaft — die Kreditbasis der Genossenschaft eingehender Prüfung zu unterziehen. Und hierbei wieder ist die entscheidende Frage, ob die Genossenschaft einen größeren Kredit zum Betrieb des Unternehmens notwendig haben wird und wie derselbe zu beschaffen ist. Bis zum Jahre 1889 war die unbeschränkte Haftpflicht die alleinige Kreditgrundlage der Genossenschaft. Dann kamen, wie wir gesehen, noch hinzu die unbeschränkte Nachschußpflicht und die beschränkte Haftpflicht. Auch die unbeschränkte Nachschußpflicht gehört zur unbeschränkten Haftpflicht, sie unterscheidet sich von dieser nur im Haftvollzug. Für viele Genossenschaftsarten, d. h. für alle die, die auf großen Kredit keinen Anspruch erheben, ist natürlich die Zulassung der beschränkten Haftpflicht von größter Bedeutung. Es entwickelten sich unter ihr Konsumvereine, landwirtschaftliche Bezugsgenossenschaften und ähnliche. Auch die Baugenossenschaften haben eine neue Periode des Aufschwunges unter der Geltung der beschränkten Haftpflicht genommen, obgleich man gerade von dieser Genossenschaftsart nicht sagen kann, daß sie auf den Kredit in mäßigem Umfange angewiesen ist. Hier liegen die Verhältnisse aber insofern anders, als die aufgenommenen Betriebskapitalien in Immobilien investiert werden und aus den unter § 10 angeführten Gründen auf den vollen Umfang der unbeschränkten Haftpflicht verzichtet werden kann oder muß.

Man kann heute die Meinung hören, daß die unbeschränkte Haftpflicht sich überlebt habe. Mit der unbeschränkten Haftpflicht könnten Genossenschaften nicht mehr gegründet werden. Demgegenüber ist festzustellen, daß am 1. Januar 1907 z. B. 15 602 Kreditgenossenschaften bestanden, darunter 13 713 mit unbeschränkter Haftpflicht und 51 mit unbeschränkter Nachschußpflicht — und außerdem 1838 mit beschränkter Haftpflicht. Diese Zahlen beweisen am besten, daß in den Kreisen derer, die aus der Kreditgenossenschaft Nutzen ziehen wollen, der Wert der unbeschränkten Haftpflicht sehr richtig gewürdigt wird. Hat die Genossenschaft bereits eine angemessene Kreditbasis im eigenen Vermögen erworben, dann kann

sie natürlich auch sehr wohl den Übergang zur beschränkten Haftpflicht vollziehen.

Wir kommen hier gleich zur Vermögensbildung der Genossenschaft. Im Unterschied zur Kapitalgesellschaft entsteht die
Genossenschaft ohne Vermögen oder jedenfalls nur mit sehr gering-
fügigem Vermögen. Das Vermögen wird gebildet und zwar allmählich.
Wenn man nun heute allerdings Kreditgenossenschaften mit beschränkter Haftpflicht findet mit einem Geschäftsanteil von 100 oder
200 Mk., bei monatlichen Einzahlungen von einigen Groschen und
einer Haftsumme von 200 oder 300 Mk., dann hat man auch sofort
die Erklärung dafür, daß derartige Genossenschaften auf die Staatshilfe angewiesen sind. Aber nicht nur vorübergehend werden sie
der Unterstützung bedürfen, sondern dauernd, da bei einer derartigen Kreditbasis die Genossenschaft nicht lebensfähig ist, wenigstens nicht aus eigener Kraft heraus. Wo also die beschränkte Haftpflicht gewählt wird und die Genossenschaft einen größeren Kredit
braucht, da muß dann wenigstens darauf gesehen werden, daß das
Vereinsvermögen in ausreichender Weise gebildet wird, und die
beschränkte Haftpflicht muß auf eine Höhe gebracht werden, daß
sie für den Kredit der Genossenschaft einen wirklichen Wert hat.
Allerdings kann es dann dahin kommen, daß das Risiko der einzelnen Mitglieder dem bei Genossenschaften mit unbeschränkter Haftpflicht gleichkommt. Wer die Entwicklung der Genossenschaften mit
beschränkter Haftpflicht verfolgt, wird freilich finden, daß man oft in
der Festsetzung der Haftsumme so hinaufgegangen ist, daß die beschränkte Haftpflicht kaum mehr als solche angesprochen werden
kann. (Vgl. u. a. Bl. Genoss.-W. 1905 Nr. 8, 19, 20, 25, 36; 1906 Nr. 43;
1907 Nr. 2, 8, 28, 29, 47.) Als Grundsatz dürfte anzunehmen sein,
den Geschäftsanteil nicht unter 500 Mk. und die Haftsumme nicht
über den dreifachen Betrag des Geschäftsanteils hinaus festzusetzen.

Verteilung von Gewinn und Verlust erfolgt bei den
verschiedenen Genossenschaftsarten nach verschiedenen Grundsätzen. Bei den Konsumvereinen ist festzuhalten an dem Rochdaler
Prinzip, das darin besteht, daß der Überschuß nach dem Warenbezug
der Mitglieder verteilt wird. Dieses System ist von großer sozialer
Bedeutung, hat aber auch seine wirtschaftliche Berechtigung, weil
schließlich die Mitglieder nach Verhältnis ihres Warenbezugs auch
zur Erzielung des Überschusses beitragen. Nun kann aber das gleiche
Prinzip nicht auch zugrunde gelegt werden der Verlustverteilung,
weil es dann in die Hände der einzelnen Mitglieder gegeben wäre,
sich der Verlusttragung zu entziehen. Hier wird an dem allgemein
zur Norm gewordenen Grundsatz festgehalten, daß die Verluste, in-

soweit sie nicht durch die Reserven getilgt werden, entsprechend abgeschrieben werden von den Geschäftsguthaben der Mitglieder. Darüber hinaus, d. h. aus der persönlichen Haftpflicht, können die Mitglieder nur in Anspruch genommen werden im Falle des Konkurses (oder im Fall des § 73 des Gesetzes beim Ausscheiden). Im Konkurs werden die Mitglieder nach Köpfen herangezogen, insoweit das Statut nichts anderes vorschreibt. Anderes vorschreiben wird das Statut aber dann, wenn es sich um eine Genossenschaft mit beschränkter Haftpflicht handelt, bei der der Erwerb mehrerer Geschäftsanteile zugelassen ist und daher eine verschiedene Höhe der Haftsumme der einzelnen Mitglieder. Die Haftsummen werden in solchen Fällen den Maßstab für die Verteilung des Verlustes abgeben.

Im allgemeinen wird man darauf Wert zu legen suchen, daß der Gewinn unter Berücksichtigung der Leistungen der Mitglieder zur Verteilung gelangt. Für die Verlustverteilung wird ein solcher Maßstab grundsätzlich aus den oben erwähnten Gründen nicht angenommen werden können. Wir finden eine gleiche Gewinnverteilung wie bei den Konsumvereinen bei den distributiven Genossenschaftsarten, z. B. bei den Rohstoffgenossenschaften, gewerblichen und landwirtschaftlichen. Bei den Baugenossenschaften kommt das System zuweilen in der Weise zur Anwendung, daß ein gewisser Teil des Überschusses als Mietendividende nach Verhältnis der gezahlten Mieten zur Ausschüttung gelangt. Bei den Werkgenossenschaften wird der Überschuß vergütet nach Verhältnis der für Benutzung der Maschinen gezahlten Gebühren. Bei der Magazingenossenschaft liegen die Verhältnisse sehr verschieden, je nach der Art der Bezahlung der von den Mitgliedern eingelieferten Waren. Auch hier können aber die Lagerungsgelder als Grundlage für die Verteilung des Überschusses genommen werden. Bei den Molkereigenossenschaften wird der Überschuß als Milchdividende zur Verteilung gebracht.

Als Grundsatz ist überall zu beobachten, daß die Genossenschaft auf die Erzielung eines Überschusses hinarbeitet, d. h. nicht etwa die Mitglieder unverzüglich in den Besitz des vollen Erfolges setzt. Wie schwer sich letzteres rächt, haben wir bei den Kornhausgenossenschaften und Weinbaugenossenschaften gesehen, bei denen den Mitgliedern sofort der volle Tagespreis für eingeliefertes Getreide und eingelieferte Trauben ausgezahlt wurde. Dann ergab sich bei sinkenden Preisen, daß die Genossenschaft schließlich mit einem Verlust abschnitt. Und der eine hatte den Vorteil gehabt, der andere mußte den Verlust tragen.

Im engsten Zusammenhang mit den Grundsätzen für die Gewinnverteilung steht die Preisbemessung im Verkehr der Genossenschaft mit den Mitgliedern. Wir haben ihre Bedeutung oben insbesondere für Molkereigenossenschaften und Magazingenossenschaften (§§ 10 und 11) hervorgehoben. Für das Schicksal der Baugenossenschaft entscheidend ist die Mietenkalkulation,
um so mehr, weil eine Sanierung einer Baugenossenschaft größere
Schwierigkeiten bereitet, wie die Sanierung irgend einer anderen
Genossenschaft, und die Mitglieder erwarten gegen Mietsteigerung
geschützt zu sein.

Über die Heranziehung möglichst verschiedener Berufsarten
zu der einzelnen Genossenschaft, wo dies mit dem Betrieb irgend
vereinbar ist, haben wir uns bereits ausgelassen. Ehlers hat in den
„Kreditgenossenschaftlichen Problemen" den Nachweis erbracht, um
wieviel günstiger die Liquidität einer Genossenschaft steht, die sich
nicht allein auf den Kreis der Landwirte beschränkt. Die Zeit der
Gründung von Handwerker-Kreditgenossenschaften ist vorbei. Heute
ist man wohl allgemein der Überzeugung, daß eine Kreditgenossenschaft, die sich allein auf Handwerker beschränkt, niemals zur Entwicklung gelangen kann. Neuerdings streben einige Haus- und
Grundbesitzervereine die Gründung besonderer Hausbesitzer-Kredit-
genossenschaften an. Ein vollkommen verkehrtes, sogar im höchsten
Grade gefährliches Unternehmen. Der Hausbesitzer, der kreditfähig
ist, wird am ehesten sein Kreditbedürfnis bei der alle Berufsklassen
umfassenden Kreditgenossenschaft befriedigen können.

Für die Konsumvereine und Rohstoffgenossenschaften dürfte
hier noch hervorzuheben sein die Notwendigkeit der Festhaltung
des Grundsatzes der Barzahlung. Scharfe Trennung zwischen
Kreditinanspruchnahme und Warenbezug erscheint auch für den
Handwerker überaus wichtig. Insoweit er sein Kreditbedürfnis befriedigen will, hat er sich an die Kreditgenossenschaft zu wenden;
es ist verfehlt, den Kredit bei der Rohstoffgenossenschaft in Anspruch
zu nehmen, schon weil diese, abgesehen von dem mit der Kreditgewährung verbundenen Risiko, des Betriebskapitals verlustig geht,
dessen sie bedarf, um ihrerseits nicht den Kredit in Anspruch
nehmen zu müssen. Was von den gewerblichen Rohstoffgenossenschaften hier gesagt, gilt auch von den landwirtschaftlichen Rohstoffgenossenschaften. Die Organisation der letzteren ist naturgemäß
eine viel einfachere, sie hat kein Warenlager zu führen, sie kennt
im voraus den Bedarf ihrer Kunden. Für die gewerbliche Rohstoffgenossenschaft dürften als wichtigste Grundsätze gelten:

„Es ist nach erfolgter Gründung darauf hinzuwirken, daß anfänglich der Geschäftsbetrieb innerhalb der durch die tatsächlichen
Verhältnisse bedingten Grenzen gehalten wird und erst allmählich
Hand in Hand mit dem Wachsen des eigenen Betriebskapitals einen
immer größeren Umfang annimmt. — Das Prinzip der Barzahlung
ist als eine der wesentlichsten Grundlagen zu betrachten und durch-
zuführen. — Die einzelnen Genossenschaftsarten sind namentlich
bei der Gründung streng auseinanderzuhalten."

Schwieriger noch als bei der Rohstoffgenossenschaft ist die
Organisation bei der Magazingenossenschaft. Hier handelt es sich
vor allem um die Findung des besten Systems, nach dem die
Genossenschaft den Verkehr mit ihren Mitgliedern regelt und dürfte
dabei von den bei § 11 mitgeteilten Grundsätzen auszugehen sein.

Auch die landwirtschaftliche Magazin- oder Produktivgenossenschaft (die Grenze zwischen Produktivgenossenschaften und Magazingenossenschaften ist flüssig) zeigt verschiedene Schwierigkeiten, die
man sonst bei den landwirtschaftlichen Genossenschaften nicht zu
finden gewöhnt ist. Wir haben über dieselben uns im § 10 geäußert.

Bei der Werkgenossenschaft wird es sich vor allem darum handeln, daß in die Verwaltung Männer kommen, die über ausreichende
Maschinenkunde verfügen, die einmal imstande sind, zu beurteilen,
welche Maschinen am notwendigsten in dem betreffenden Handwerk gebraucht werden, die dann aber auch verstehen, die Maschinen
zu benutzen. Hier wie bei allen Genossenschaften gilt als Norm:
klein anfangen. Nichts wäre für die Werkgenossenschaft verhängnisvoller, als wenn man sogleich die Leistungsfähigkeit des betreffenden Handwerks überschätzte und Maschinen hereinnähme, für die
sich später keine ausreichende Benutzung fände.

Daß es bei den Baugenossenschaften außerordentlich viel auf die
richtige Mietenkalkulation ankommt, ist bereits erwähnt. Auch die
Frage, ob eigene oder Mietshäuser, ist besprochen und ist hierbei
hervorgehoben, daß nicht nach Schema vorgegangen werden kann,
sondern nur nach den gegebenen Verhältnissen und dem gegebenen
Mitgliederbestand. Es gab eine Zeit, in der man sich für die Baugenossenschaften außerordentlich viel von dem Erbbaurecht ver-
sprach. Übrigens ist das Erbbaurecht keine von dem Bürgerlichen
Gesetzbuch neu geschaffene Einrichtung, sondern hat, wenn auch
in anderer Form, früher bereits in Deutschland bestanden. Das Erbbaurecht ist weit verbreitet in England. Während man aber in
England alle Schattenseiten desselben erkannt hat und ganz gern
das Erbbaurecht durch das freie Eigentum ersetzt sehen möchte,

wird in Deutschland für das Erbbaurecht die lebhafteste Agitation
betrieben. Darüber ist man sich freilich heute wohl schon im
Klaren, daß auf Erbbaurecht hin Privatkapitalien nur schwer zu
bekommen sind. Das Erbbaurecht kann am Platz sein, wo Staat
oder Kommunen Land zur Herstellung von Mietshäusern abgeben
wollen und nicht in eigener Regie zu bauen beabsichtigen, sondern
sich für den Bau der Hilfe der Genossenschaft zu bedienen wün-
schen. Auch hier freilich ist vom Standpunkt der Genossenschaft
aus größte Vorsicht geboten. Die Genossenschaft darf nicht zugunsten der Stadt, wie es heute vielfach üblich ist, auf die Ver-
fügungsfähigkeit verzichten, um schließlich nur ein Werkzeug der
Exekutive der Kommune auf diesem Gebiete zu werden. Andererseits ist nicht zu verkennen, daß es auch für die Kommune mit
gewissen Gefahren verbunden ist, durch das Erbbaurecht eine
Bodenpolitik auf 70 Jahre und länger hinaus zu treiben. Darin
liegt eben der Nachteil des Erbbaurechtes, von dem wir nicht
glauben, daß es für die Entwicklung der Baugenossenschaften von
wirklicher Bedeutung werden wird.

§ 16.

Die Genossenschaften und der Geldmarkt.

Bei Behandlung der Kreditbasis haben wir uns auch mit der
Frage der Beschaffung des Betriebskapitals beschäftigt. In erster
Reihe hat die Genossenschaft natürlich auf eigene Vermögensbildung
Bedacht zu nehmen. Ebenso erklärlich ist aber auch, daß diese
nach Art der Zusammensetzung der Mitglieder der Genossenschaft
nur langsam vor sich geht. Auch selbst wo der Geschäftsanteil
hoch bemessen ist, muß die Genossenschaft mit verhältnismäßig
geringen periodischen Einzahlungen sich begnügen. Die Genossenschaft muß zur Erfüllung ihres Geschäftes fremdes Betriebskapital
heranziehen. Die Quellen hierfür sind verschiedenartig. Während
für einzelne Genossenschaften der Sparkassen- und Depositenbetrieb
als ganz besonders geeignet erscheint, kann er anderen Genossenschaften nicht so ohne weiteres empfohlen werden. Es ist z. B. bereits
der Baugenossenschaften gedacht (§ 13), bei denen sich aus dem
Sparkassenverkehr Ungelegenheiten ergeben können. Auch bei den
Konsumvereinen liegt es ähnlich. Es ist zu bedenken, daß das Band,
das die Mitglieder der einzelnen Genossenschaften verbindet, ein

sehr verschiedenartiges ist, bei der einen fester, bei der anderen loser. Je loser das Band, desto größere Vorsicht ist geboten bei Festsetzung der Bedingungen für die Heranziehung fremder Kapitalien.

Ein richtig geleiteter Konsumverein muß in absehbarer Zeit in die Lage kommen, fast gänzlich des fremden Betriebskapitals entbehren zu können, er muß mit eigenen Mitteln arbeiten. Auch eine richtig geleitete Rohstoffgenossenschaft und landwirtschaftliche Bezugsgenossenschaft hat zu dem gleichen Ergebnis zu gelangen. Bei den Molkereigenossenschaften sehen wir zuweilen eine Vermögensbildung, die sogar weit über das Bedürfnis hinausgeht. Bei den Baugenossenschaften ist die Beschaffung des Betriebskapitals naturgemäß am schwierigsten, weil große Betriebskapitalien gebraucht werden, die für längere Zeit der Genossenschaft zu belassen sind. Nichts wäre freilich verfehlter, als wenn die Baugenossenschaft sich allein auf diese fremden Betriebskapitalien verlassen wollte. Sie muß auch auf die entsprechende Bildung des eigenen Vermögens bedacht sein.

Am eigenartigsten und zum Teil am schwierigsten macht sich die Betriebskapitalbildung bei der Kreditgenossenschaft, weil diese, oft wenigstens, bei den Kreditgeschäften die Lage des Geldmarktes nicht aus dem Auge verlieren darf. Die wichtigsten Geschäftszweige für die Kreditgenossenschaft zur Gewinnung des Betriebskapitals sind Sparkassen- und Depositenverkehr, und sie muß darauf bedacht sein, mit eigenem Vermögen und eigenen Kapitalien im großen Ganzen das Kreditbedürfnis der Mitglieder nicht nur befriedigen zu können, sondern aus eigenen Mitteln noch besorgt zu sein für die Beschaffung der nötigen liquiden Mittel. Dadurch wird die Kreditgenossenschaft freilich nicht unabhängig vom Geldmarkt, sie muß auf den Preis des Geldes Rücksicht nehmen sowohl bei der Zinsvergütung, die sie bewilligt, wie bei den Zinssätzen, die sie berechnet. Die Verhältnisse einer Kreditgenossenschaft müssen ganz besonders liegen, wenn sie imstande sein soll, ihre eigene Zinspolitik zu treiben, d. h. sich unabhängig zu halten von dem Preis des Geldes am Geldmarkt. Im allgemeinen, auch schon aus allgemein wirtschaftlichen und erzieherischen Gründen, wird sich aber die Kreditgenossenschaft dem Geldmarkt anzupassen haben. Und wie nun die Verbindung der Kreditgenossenschaft mit dem Geldmarkt schaffen? Bei den ländlichen Darlehnskassen haben wir den Aufbau kennen gelernt: Dorfkasse, Verbandskasse, Preußische Zentral-Genossenschafts-Kasse; in den außerpreußischen Staaten besteht ein ähnlicher Aufbau. Das Streben in diesen Kreisen geht auch nach einer Reichsgenossenschaftskasse. Theoretisch soll es das Ziel der Preußischen

Zentral-Genossenschafts-Kasse sein, und ebenso das Ziel der Zentral-kassen in den anderen Bundesstaaten, der Einzelgenossenschaft (durch die Verbandskasse) den Geldmarkt zu erschließen. In Wirklichkeit kommt jedoch der Verkehr meist darauf hinaus, daß der Genossen-schaft Staatsmittel zur Befriedigung ihres Kreditbedürfnisses zugeführt werden. Die Schulze-Delitzschschen Genossenschaften stehen auf einem andern Standpunkt. Sie sind unabhängig von der Staatshilfe geblieben und haben die Zentralisation abgelehnt. Auf dem Allgem. Genossenschaftstag zu Leipzig (1907) mußte der Präsident der Preußischen Zentral-Genossenschafts-Kasse Dr. Heiligenstadt zugeben: „daß nach seiner Überzeugung für eine ganze Reihe Schulze-Delitzsch-scher Genossenschaften eine Vereinigung zu Verbandskassen keinen erheblichen Zweck hätte; sie kann eben nicht die wirtschaftlichen Vorteile bringen, die man erhofft, wenn auch die Vorteile, die man doch haben kann, nicht geringe sind."

Die Schulze-Delitzschschen Genossenschaften haben aus sich selbst heraus die Institute geschaffen, deren sie bedurften, um mit dem Geldmarkt in Verbindung zu treten (Crüger, „Einführung in das Genossenschaftswesen", S. 82). Schulze-Delitzsch suchte zunächst den Großbankkredit den Genossenschaften zu eröffnen durch Verein-barungen mit einzelnen Banken. Im Jahre 1864 gründete er dann die Deutsche Genossenschaftsbank von Soergel, Parrisius & Co., deren wesentlichstes Verdienst wohl in der Schaffung des Giroverbandes besteht. Die Deutsche Genossenschaftsbank ging im Jahre 1904 auf die Dresdner Bank über, die als Ersatz der Deutschen Genossen-schaftsbank die Genossenschaftsabteilungen schuf. (Über Einzelheiten vergleiche Crüger, „Einführung in das Genossenschaftswesen", S. 83.) Die Gründung des Giroverbandes bezweckt, für die Mitglieder einen allgemeinen Giroverkehr zu schaffen und die Giroplätze in gewissem Sinn zu Bankplätzen zu erheben. Auch heute, nachdem die Reichs-bank ganz Deutschland mit einem Netz von Bankstellen überzogen hat, ist der Giroverband eine bedeutsame Einrichtung geblieben und hat an Wichtigkeit nichts verloren. Der Giroverband hat auch den Zweck, als Ausgleichstelle unter den angeschlossenen Genossen-schaften zu dienen. Seine Vorteile bestehen im wesentlichen darin, daß die Möglichkeit billigen Wechseleinzugs auf eine große Zahl deutscher Plätze die Genossenschaften in den Stand setzt, das Dis-kontgeschäft in größerem Umfange zu pflegen. In Verbindung mit dem Giroverband steht die Scheckvereinigung, deren Mitglieder sich verpflichtet haben, provisionsfrei gegenseitig Schecks einzuziehen. Der Scheckvereinigung gehörten Anfang 1908 224 Genossenschaften an.

Die Entwicklung und Bedeutung des Giroverbandes zeigt die nach‧
folgende Tabelle:

Jahr	Zahl der Giro- u. Inkasso-Plätze	Zahl der ausgetauschten Wechsel	Betrag in Mark	Gesamtumsatz des Giroverbandes in Mark
1868	93	—	961 728	1 446 762
1874	270	67 256	22 372 238	34 428 897
1889	839	312 647	82 836 589	124 093 581
1895	837	375 034	95 600 183	150 590 459
1900	1093	476 853	149 644 156	259 667 458
1904	1360	549 256	191 491 008	326 811 782
1906	1700	641 131	247 702 000	512 256 453
1907	1787	688 580	269 590 000	650 091 000

§ 17.

Der Staat und das Genossenschaftswesen.

Ursprünglich war die Haltung der Regierungen gegenüber den
Genossenschaften eine ablehnende. Wurde doch die erste Zusammenkunft im Jahre 1859 in Dresden sogar von der Behörde verboten.
Allerdings, schon im Jahre 1865, berief die preußische Regierung
jene Kommission zur Beratung der Frage, was kann geschehen, um
die auf Selbsthilfe beruhenden Genossenschaften zu fördern, und
„welche dieser Assoziationen können auch unter Fabrikarbeitern
Eingang finden, und auf welche Weise würde dies zu erreichen sein?"
Der damalige Handelsminister v. Itzenplitz rühmte die Bedeutung
der Genossenschaften. Schulze-Delitzsch aber war zu der Kommission
nicht eingeladen auf Betreiben Bismarcks, der nicht in der Kommission ein Mitglied wünschte, das „zu den hervorragendsten und
entschiedensten Gegnern der Regierung" gehörte. (Vgl. über die
Verhandlungen der Kommission Crüger, „Einführung in das Genossenschaftswesen", S. 67 ff.) Kurz vor Schluß der Kommission hatte der
Allgemeine Vereinstag des Allgemeinen deutschen Genossenschaftsverbandes zu Stettin sich mit der gleichen Frage beschäftigt und
folgenden Beschluß gefaßt:

„Der Allgemeine Vereinstag erklärt:

I. Die einzige Förderung, welche die auf Selbsthilfe beruhenden
Genossenschaften von der Preußischen, wie von anderen Regierungen beanspruchen, ist:

a) daß sie ihre Organe im ganzen Staate streng anweise, sich
aller durch die Gesetze nicht gerechtfertigten Versuche, die Genossen-

schaften unter die der polizeilichen Kontrolle unterliegenden Vereine zu stellen, fernerhin zu enthalten;

b) daß sie dem Gesetzentwurfe, welcher die endliche Regelung der privatrechtlichen Stellung der Genossenschaften, d. h. die Beseitigung der für sie in der jetzigen Lage der Gesetzgebung vorhandenen Schwierigkeiten in betreff Erwerb, Aufgabe und Verfolgung von Vermögensrechten bezweckt, und welcher im Preußischen Abgeordnetenhause in der Session von 1863 von dem Anwalt der Genossenschaften eingebracht ist, nicht mehr entgegenstehe, sondern dahin zu wirken suche, daß derselbe zum Gesetz erhoben werde.

II. Die auf Selbsthilfe beruhenden Genossenschaften der oben bezeichneten Art, namentlich die Konsumvereine und Produktivgenossenschaften, aber auch die Vorschuß- und Kreditvereine erfreuen sich schon gegenwärtig lebhafter Beteiligung der Fabrikarbeiter; diese Beteiligung nimmt von Tag zu Tag einen erfreulicheren Aufschwung; demselben stehen keine anderen Hindernisse entgegen, als die zu I. aufgeführten.

III. Alle Versuche der Staatsregierungen, die auf Selbsthilfe beruhenden Erwerbs- und Wirtschaftsgenossenschaften überhaupt oder innerhalb einzelner Berufsklassen durch positive Eingriffe der Staatsgewalt fördern zu wollen, müssen als unbedingt schädlich zurückgewiesen werden."

Gleich darauf nahm die Kommission zu der Frage Stellung; das Ergebnis der Diskussion war:

„1. Die Genossenschaften können ihrer Natur nach namentlich auch unter den Fabrikarbeitern Eingang finden;

2. am meisten geeignet dazu sind: a) die Konsumvereine, b) die Sparvereine, c) in weiterer Folge die Produktivgenossenschaften;

3. die Staatsregierung hat auch gegenüber den Genossenschaften, an welchen Fabrikarbeiter sich beteiligen können, keine andere Stellung einzunehmen als diejenige, welche in der zur vorstehenden Frage beschlossenen Resolution empfohlen worden ist."

Bei Beratung des preußischen Genossenschaftsgesetzes im Herrenhaus im Jahre 1867 brachte Kleist-Retzow einen Antrag ein, daß zur Förderung des Genossenschaftswesens die Errichtung einer Staatsbank mit zwei Millionen Talern beschlossen werden sollte. Der Antrag wurde von den Vertretern der Regierung als „kommunistisch" bekämpft. Inzwischen hatte Lassalle aus der Königlichen Schatulle Mittel zur Gründung einer Produktivgenossenschaft in Reichenbach erhalten. Nur ein Jahr hat die Genossenschaft bestanden, dann waren die Gelder verloren.

Wagener und seine Freunde hatten in der Kommission von 1865 die Schulze-Delitzschschen Genossenschaften bekämpft. Als sie hiermit keinen Erfolg hatten, beschlossen sie, Konkurrenzunternehmungen ins Leben zu rufen. Sie riefen als Zentrale die Gewerbebank H. Schuster & Cie. ins Leben und gründeten eine Anzahl Vorschußkassen als Aktienkommanditgesellschaften, indem sie die Gewerbetreibenden vor der unbeschränkten Haftpflicht bei den Schulze-Delitzschschen Vorschußvereinen warnten. Die Kassen hatten einen ausgesprochen politischen Charakter. So heißt es in einer Bekanntmachung über die Gründung der Vorschußkasse zu Rothenburg: „Jeder zuverlässige, d. h. zahlungsfähige Mann, resp. jeder mit zahlungsfähigen Giranten, erhält ohne weiteres Geld. Dazu wird aber jedem einzelnen eröffnet, daß wir nur mit konservativen Leuten Geschäfte machen. Die nächste nicht konservative Abstimmung — öffentliche oder kommunale — schließt unfehlbar eine Prolongation des Wechsels aus. Wir haben hiervon schon gute Erfolge gehabt. . .“ Ludolf Parisius hat in den Blättern für Genossenschaftswesen eingehend über diese Unternehmungen berichtet, die alle zugrunde gegangen sind. Auch in der heutigen Zeit tauchen ähnliche Gründungen immer noch auf. So wurde in einer Berliner Zeitung von dem Berliner Spar- und Darlehnsverein Nordwest im Februar 1901 berichtet: „Der Verein nimmt als Mitglieder nur Angehörige konservativer Bürgervereine auf.“ (Vgl. Crüger, „Einführung in das Genossenschaftswesen“, S. 72.)

Der ethische und soziale Wert der Genossenschaft ist bei derartigen Unternehmungen in sein Gegenteil verkehrt. Die Verquickung der wirtschaftlichen Aufgabe der Genossenschaft mit der Politik ist stets bedenklich, mag es sich auch um nationale Aufgaben handeln. Wenn eine Kreditgenossenschaft z. B. ein Mitglied ausschließt, weil es verdächtig ist, nicht königstreu zu sein, so kann eine derartige Fürsorge für das Wohl des Vaterlandes zur Pflege des Denunziantentums führen. Schon aus diesen Erwägungen heraus müssen daher auch jene Bestrebungen als verfehlt erscheinen, die heute daraufhin abzielen, aus den Erwerbs- und Wirtschaftsgenossenschaften nationale Organisationen zur Förderung des Deutschtums zu schaffen.

Am 9. Juni 1888 verschickte der Geheime Regierungsrat und vortragende Rat im Staatsministerium, früherer Landrat des Kreises Hanau, Freiherr v. Broich, an seine „Vertrauensmänner“ ein Programm, in dem er für die Begründung eines sozialreformatorischen Genossenschaftswesens eintrat und sich dafür auf die Kaiserliche Botschaft vom 17. November 1881 berief. Es war dies der Anfang des sozialreformatorischen Genossenschaftswesens, das elend zusammenbrach, dessen Tendenz und Grundgedanken aber schließlich doch die Grundlage der späteren staatlicherseits erfolgten Förderung des Genossenschaftswesens geworden sind. (Vgl. Crüger, „Einführung in das Genossenschaftswesen", S. 140 ff.) Der Grundgedanke des sozialreformatorischen Genossenschaftswesens war: „Zentralisation der Genossenschaften unter einer Zentralbank, von der aus das Land mit einem Netz von Genossenschaften überzogen werden sollte"; ferner: „Selbsthilfe ergänzt durch Staatshilfe". Broich setzte sich mit den Kartellparteien in Verbindung, auf deren Unterstützung er rechnete. Die Bewegung hatte einen ausgesprochen politisch-konservativen und kirchlichen Charakter. Mit viel Geräusch wurde sie eingeleitet, so wurde z. B. über das Resultat der konstituierenden Versammlung mit folgenden Worten berichtet: „Die fast überwältigend mühevolle Arbeit gipfelte in drei denkwürdigen Tagen, dem 18., 20. und 21. Juni 1889, an welchen unter enthusiastischer, siegesbewußter, oder opferbereiter Beteiligung von Gesinnungsgenossen aus dem ganzen Deutschen Reiche — von Königsberg bis Straßburg — der Reihe nach die „Deutsche Zentralgenossenschaft", der „Deutsche Kreditverein" und die „Märkische Spar- und Leihbank" für Berlin. konstituiert sind."

Schon Anfang der 90 er Jahre waren die von den sozialreformatorischen Genossenschaftern ins Leben gerufenen Genossenschaften entweder wieder verschwunden oder hatten sich den Schulze-Delitzschschen Grundsätzen zugewandt. Später gab v. Broich noch ab und zu genossenschaftliche Lebenszeichen von sich, die zum Teil auch in den Kreisen der hohen Beamtenschaft Beifall fanden, jedoch ausnahmslos zu verfehlten Gründungen führten.

v. Broich versuchte es auch mit dem landwirtschaftlichen Genossenschaftswesen. Er lud einen allgemeinen landwirtschaftlichen Genossenschaftstag nach Berlin ein, ohne jedoch Erfolg zu haben. Ebenso versuchte er vergeblich den Handwerkern näherzutreten. Auf dem deutschen Innungs- und Allgemeinen Handwerkertag, der vom 14. bis 17. Februar 1892 in Berlin tagte, sprach Freiherr v. Broich über: „Die Ausbildung des Genossenschaftswesens im deutschen Handwerkerstande". Und zwar sprach er als Präsident der Deutschen Zentralgenossenschaft und Leiter des sozialreformatorischen Genossenschaftswesens. Er stellte dem Handwerk reiche Staatshilfe in Aussicht, konnte aber den deutschen Innungs- und Allgemeinen Handwerkertag, der nur für Befähigungsnachweis und obligatorische Innung Auge und Ohr hatte, auch selbst unter dieser Voraussetzung nicht bewegen, den Wert der genossenschaftlichen Organisation anzuerkennen.

Als Grundgedanken des sozialreformatorischen Genossenschaftswesens sind anzusehen: „Zentralisation der Genossenschaften unter
einer Zentralbank, von der aus das Land mit einem Netz von Genossenschaften überzogen werden sollte", und „Selbsthilfe ergänzt
durch Staatshilfe". Das sind die wesentlichen Grundgedanken, auf
denen auch die im Jahre 1895 gegründete Preußische Zentral-
Genossenschafts-Kasse beruht.

Es ist von Bedeutung, aus der Geschichte des Genossenschaftswesens festzustellen, daß nicht nur Schulze-Delitzsch unbedingt an
dem Standpunkt festhielt, daß jede positive Einmischung staatlicher
Organe in das Genossenschaftswesen ihm nachteilig werden könnte.
Im Jahre 1884 hatte sich Raiffeisen dahin geäußert: „Nach den
gemachten Erfahrungen muß ich dem so sehr verdienten Schulze-
Delitzsch indes auf das vollständigste dahin recht geben, daß derartige Vereine nur dann lebensfähig sind und bestehen können, wenn
sie auf die unbedingte Selbsthilfe gegründet sind". Der jetzige
Generalanwalt des Reichsverbandes der deutschen landwirtschaftlichen Genossenschaften, Haas, hat im Jahre 1881 auf dem Allgemeinen Vereinstage zu Kassel sich vollkommen zu den volkswirtschaftlichen Anschauungen Schulze-Delitzschs bekannt. Huber hatte
von den Genossenschaften erklärt, daß sie auch auf den niedrigsten
Stufen ihre wohltätige Reformtätigkeit durch freie Selbsthilfe eröffnen
müssen. Wagener hatte in der Kommission 1865 sich in schärfster
Weise gegen die Staatshilfe gewendet. Gierke betont: „Nur die
freie Assoziation schafft Gemeinheiten, in welchen die wirtschaftliche Freiheit fortbesteht." Freiherr v. d. Goltz erklärt: „Die Staatshilfe nehme man, soweit sich diese auf pekuniäre Unterstützung
bezieht, nur im äußersten Notfall in Anspruch."

Mit Gründung der Preußischen Zentral-Genossenschafts-Kasse
im Jahre 1895 hat sich das Bild geändert. Im Mai 1895 verhandelte
das preußische Abgeordnetenhaus über einen Antrag von Mendel-
Steinfels und Arendt: „Die Königliche Staatsregierung zu ersuchen,
dem Landtage baldmöglichst eine Vorlage wegen Errichtung einer
staatlichen Zentralkreditanstalt zu machen, welcher die Aufgabe zu-
zuweisen ist, die Kreditbedürfnisse der produktiven Gewerbe, insbesondere des kleinen Grundbesitzes und des Handwerkerstandes
zu möglichst billigem Zinsfuß zu befriedigen und zu diesem Zweck
auch die von kommunalen Korporationen ins Leben gerufenen Kredit-
anstalten, sowie die auf dem Prinzip der Selbsthilfe und der Selbst-
verwaltung beruhenden Kreditgenossenschaften durch Gewährung
möglichst niedrig verzinslicher Darlehen zu unterstützen."

Auf dem Vereinstage des Allgemeinen deutschen Genóssen-
schaftsverbandes in Rostock im Jahre 1897 erklärte der anwesende
Regierungsvertreter, die Staatshilfe solle nur ein Mittel sein, zur
Selbsthilfe zu erziehen. Und in dem gleichen Sinn hat sich auch
noch auf der Tagung des Hauptverbandes der gewerblichen Genossenschaften im Jahre 1907 ein anderer Regierungsvertreter geäußert. In der Zwischenzeit hat die Staatshilfe jedoch nur dahin
geführt, daß das Genossenschaftswesen, insoweit es an derselben
Anteil nahm, sich mehr und mehr in staatliche Abhängigkeit begeben
hat. Und das staatliche Kredit-Institut denkt nicht daran, die Genossenschaften freizugeben, es ist im Gegenteil eifrig bestrebt, auch
die noch freien Genossenschaften in seine Wirksamkeit einzubeziehen.

Die Preußische Zentral-Genossenschafts-Kasse, deren Grund-
kapital, vom Staat hergegeben, heute 50 Millionen Mark beträgt,
gewährt Kredit nicht direkt an die Einzelgenossenschaften, sondern
nur an die von diesen gebildeten Verbandskassen. Die Anstalt ist
nach § 2 befugt, folgende Geschäfte zu machen:

1. Zinsbare Darlehne zu gewähren an: a) solche Vereinigungen
und Verbandskassen eingetragener Erwerbs- und Wirtschaftsgenossenschaften, welche unter ihrem Namen vor Gericht klagen und verklagt werden können, b) die für die Förderung des Personalkredits
bestimmten landschaftlichen (ritterschaftlichen) Darlehnskassen, c) die
von den Provinzen (Landeskommunalverbänden) errichteten gleich-
artigen Institute;

2. von den unter 1. gedachten Vereinigungen usw. Gelder
verzinslich anzunehmen.

Zur Erfüllung dieser Aufgaben (1. und 2.) ist die Anstalt außerdem befugt:

3. sonstige Gelder im Depositen- und Scheckverkehr anzunehmen;

4. Spareinlagen anzunehmen;

5. Kassenbestände im Wechsel-, Lombard- und Effektengeschäft
nutzbar zu machen;

6. Wechsel zu verkaufen und zu akzeptieren;

7. Darlehne aufzunehmen;

8. für Rechnung der unter 1. bezeichneten Vereinigungen usw.
und der zu denselben gehörigen Genossenschaften, sowie derjenigen
Personen, von denen sie Gelder im Depositen- und Scheckverkehr
oder Spareinlagen oder Darlehne erhalten hat, Effekten zu kaufen
und zu verkaufen."

Angeblich soll auf die Preußische Zentral-Genossenschafts-Kasse die Neuerung zurückzuführen sein, daß die persönliche Haftpflicht der Mitglieder bei der Kreditzuweisung an die Genossenschaften berücksichtigt wird. Dies ist ein Irrtum, der um so auffälliger ist, als gerade Schulze-Delitzsch an der unbeschränkten Haftpflicht, als der breitesten und wichtigsten Kreditbasis der Genossenschaft festgehalten hat. Neu in der Praxis der Preußischen Zentral-Genossenschafts-Kasse ist im wesentlichen nur die Prüfung der Sicherheit der übernommenen persönlichen Haftpflicht mit Hilfe der Steuerbehörden und die schematische Zugrundelegung der nachgewiesenen Haftpflicht für die Kreditbemessung.

Gedacht war die Preußische Zentral-Genossenschafts-Kasse ursprünglich als Geldausgleichs-Institut; man wies darauf hin, daß einzelne Genossenschaften Geldüberfluß zu einer Zeit hatten; in der andere mit dem Geldmangel kämpften. Es sollte durch das Zentralgeldinstitut der Ausgleich herbeigeführt werden. Dann zeigte sich, daß die recht hatten, die an der Möglichkeit eines solchen Geldausgleiches in der Praxis zweifelten. Nur vorübergehend war ein Geldausgleich möglich. Und kam die Zeit der Geldknappheit, so wurde oft auch bei den Genossenschaften das Geld knapp, die vorher Geldüberfluß zu verzeichnen gehabt. Die Preußische Zentral-Genossenschafts-Kasse entwickelte sich folglich mit bezug auf die ordnungsmäßige Befriedigung des Kreditbedürfnisses der Genossenschaften zu einem Bankinstitut, das auch nur einen Teil seines Geschäftsverkehrs in den Genossenschaften findet, darüber hinaus sich auf den verschiedensten Gebieten betätigt.

Auch auf einem andern Gebiet hat die Preußische Zentral-Genossenschafts-Kasse versagt. Sie wollte den Kreditgenossenschaften zu einer selbständigen Zinspolitik verhelfen. In Zeiten niedrigen Geldstandes schien allerdings die Preußische Zentral-Genossenschafts-Kasse den Genossenschaften einen gleichmäßigen und billigen Zins garantieren zu können. Jedoch darf dabei nicht übersehen werden, daß es sich hierbei fast ausschließlich um kleine unter ausgesprochen landwirtschaftlichen Verhältnissen arbeitende Kreditgenossenschaften handelt, die ihren Mitgliedern nur ausnahmsweise Wechselkredit gewähren. Dann kam aber die Zeit der Geldknappheit, die stabile Zinspolitik mußte preisgegeben werden. Die Preußische Zentral-Genossenschafts-Kasse ging bis über 6% Zins für die gewährten Kredite hinaus, die damit erst an die Verbandskassen kamen und bei denselben wieder eine Verteuerung erfuhren. Außerdem mußten die Genossenschaften mit größerem Kreditbedürfnis die Befriedigung mit Übernahme einer größeren Anzahl Geschäftsanteile erwerben,

die nur eine geringe Dividende oder ein hohes Risiko aus der Haftsumme ergaben. Nur zu geringen Beträgen blieb der billige Kredit,
der sogen. Verzinsungskredit, zur Verfügung. Ein ganz schlechtes
Geschäft machetn jene Kassen, die die Interessengemeinschaft mit
der Preußischen Zentral-Genossenschafts-Kasse eingegangen, denn für
1907 erhielten sie ihr Kapital mit etwas über 1% verzinst, während
sie das Kapital bei der Preußischen Zentral-Genossenschafts-Kasse
entliehen und dafür 3½% bezahlen mußten! Die Organe der landwirtschaftlichen Genossenschaften mahnten in dieser Zeit dringend,
auf die Heranziehung von Spareinlagen und Depositen größten Wert
zu legen und höhere Zinsen zu gewähren. Es wurde empfohlen,
Kredit einzuschränken, Zinsfuß und Provision zu erhöhen. Also in
der Zeit, in der es gerade für die ländlichen Darlehnskassen vielleicht
von der größten Bedeutung gewesen wäre, an einem niedrigen und
festen Zinsfuß festhalten zu können, versagte die Zinspolitik. Allerdings braucht dies nicht zu überraschen. Auch die Genossenschaft
ist ein Glied des wirtschaftlichen Lebens und kann sich nicht unabhängig von demselben stellen. Die Verhältnisse einer Kreditgenossenschaft müssen ganz besondere sein, wenn sie imstande
sein soll, ihre eigene Zinspolitik zu betreiben, d. h. das Kreditbedürfnis
der Mitglieder zu einem Zinsfuß zu befriedigen, der hinter dem Geld-
stande auf dem Geldmarkt zurückbleibt. Es ist dies nur denkbar,
wenn die Genossenschaft ohne Bankkredit mit billigen Spareinlagen
arbeitet und fern vom wirtschaftlichen Verkehr in ihrem engen
geschlossenen Kreise wirkt. Ob allerdings auch dann eine solche
Politik richtig ist, mag hier dahingestellt bleiben. Es scheint zweifelhaft, wenn man berücksichtigt, daß die Genossenschaft keine Wohltätigkeitsanstalt ist, sondern einen wirtschaftlich erzieherischen Einfluß ausüben soll.

Die Preußische Zentral-Genossenschafts-Kasse hat, obgleich sie
nicht direkt den Kredit an die Genossenschaften abgibt, sondern
sich der Mitgliedschaft der Verbandskasse bedient und damit schein-
bar nach Grundsätzen der Dezentralisation arbeitet, doch zu weit-
gehendster Konzentration geführt. Am schärfsten kommt dies auch
in dem Gedankengang des Hugenbergschen Buches („Bank- und
Kreditwirtschaft des deutschen Mittelstandes") zum Ausdruck. Immer
mehr wächst folglich auch der Einfluß der Preußischen Zentral-
Genossenschafts-Kasse auf jene Teile des Genossenschaftswesens, die
mit ihr in Geschäftsverbindung stehen. Einmal, wie wir in § 10
erwähnten, hat das landwirtschaftliche Genossenschaftswesen noch
den Versuch gemacht, sich unabhängig durch Gründung der landwirtschaftlichen Reichsgenossenschaftsbank, e. G. m. b. H., zu machen,

doch war die Macht der Preußischen Zentral-Genossenschafts-Kasse und deren Einfluß auf das landwirtschaftliche Genossenschaftswesen schon zu weit vorgeschritten.

Größeren Einfluß hat die Preußische Zentral-Genossenschafts-Kasse auf das Genossenschaftswesen der Landwirte als auf das der Handwerker gewonnen. Dies liegt nun in der Natur der Sache. Ist ja überhaupt auch das Genossenschaftswesen der Handwerker nicht im entferntesten so entwickelt, wie das der Landwirte (§ 11). Staatlicherseits versuchte man in Preußen in völliger Verkennung der Ursachen, auf die die geringe genossenschaftliche Entwicklung zurückzuführen war, das genossenschaftliche Leben dadurch lebhafter zu gestalten, daß man bei Gründung neuer Genossenschaften die Einrichtungskosten zum großen Teil übernahm. Und als dann Ende der 90er Jahre die Preußische Zentral-Genossenschafts-Kasse und mit ihr die Verbandskasse gezwungen waren, den Zinsfuß zu erhöhen, wurde die Zinsdifferenz den Genossenschaften ersetzt! Befürworter dieser Art der Förderung des Genossenschaftswesens sprachen im Abgeordnetenhaus der Regierung Dank für diese Unterstützung aus. Natürlich kam es hierbei niemals zu wirklich existenzfähigen Genossenschaften. Die Genossenschaft ist eine geschäftlich wirtschaftliche Unternehmung und darf nicht wie eine Wohltätigkeitsanstalt behandelt werden.

In den Verhandlungen des Preußischen Abgeordnetenhauses über den Etat der Preußischen Zentral-Genossenschafts-Kasse im Jahre 1906 erklärte der konservative Abgeordnete Meyenschein (Mitglied des Verbandsausschusses des Verbandes ländlicher Genossenschaften Raiffeisenscher Organisation für Hessen) mit bezug auf den Zweck der Preußischen Zentral-Genossenschafts-Kasse:

„Die Gefahren, die dem Staat daraus entstehen könnten, daß sich hier Hunderttausende seiner Bürger nicht nur persönlich zusammenschließen, sondern auch wirtschaftlich zusammentun und dadurch eine nach Milliarden zählende Geldmacht herstellen, sind eben dadurch verhütet, daß der Staat selbst in der Preußischen Zentral-Genossenschafts-Kasse sich in die Reihe dieser Genossenschaften gestellt hat, und daß er sich selbst als der größte Geldgeber daran beteiligt."

Mit der Gründung der Preußischen Zentral-Genossenschafts-Kasse waren phantastische Probleme verknüpft. Freiherr v. Durant erklärte im preußischen Herrenhaus bei den Verhandlungen über die Erhöhung des Grundkapitals der Preußischen Zentral-Genossenschafts-Kasse: „Ich meine, der Personalkredit muß ausgedehnt werden können auf solche Personen, denen er heute nicht zuteil werden

kann. Nach meiner Überzeugung ist es in erster Reihe die Kredit-
und Verlustversicherung, wodurch die Gefahren, die bei einer, wenn
man es so nennen will, etwas leichtsinnigen Kreditgewährung etwa
eintreten können, herabgemindert und auf die Schultern der All-
gemeinheit gelegt werden."

Auf allen Gebieten macht sich das Streben bemerkbar, den Einfluß des Staates zu stärken, und immer neue wirtschaftliche Aufgaben werden dem Staat zugewiesen. So wird auch wahrscheinlich
der Preußischen Zentral-Genossenschafts-Kasse die Aufgabe zufallen,
als „Rückendeckung" zu dienen bei der Entschuldungsaktion (vgl.
§ 10).

Fördernd hat sich, wie wir oben bei Behandlung des landwirtschaftlichen Genossenschaftswesens gesehen, der Staat auch betätigt
bei den Kornhausgenossenschaften. Die Bewegung hat mit einem
großen Mißerfolg geendet. Heute kann kaum mehr ein Zweifel
darüber bestehen, daß, wenn man die Kornhausgenossenschafts-
bewegung sich selbst überlassen, die Entwicklung eine ruhigere
und vorsichtigere gewesen und dabei jedenfalls viele Fehler vermieden
worden wären, die sich später schwer fühlbar gemacht.

Eine gleiche Aktion, wie sie für die Kornhausgenossenschaften
eingeleitet war, auch für die Weinbaugenossenschaften durchzu-
führen, hat die preußische Regierung abgelehnt, wohl nach den üblen
Erfahrungen bei den Kornhausgenossenschaften. Allerdings haben
sich hier andersartige schlimme Folgen einer indirekten Staatshilfe
gezeigt. Mit Hilfe der Preußischen Zentral-Genossenschafts-Kasse
und der Verbandskassen war die Befriedigung des Kreditbedürfnisses
den Weinbaugenossenschaften übermäßig leicht gemacht, die Genossenschaften ließen die Grundsätze der Liquidität unbeachtet und
benutzen den Bankkredit als Immobiliarkredit, legten ihn in Kelle-
reien fest, woraus sich vielfach bedeutende Schwierigkeiten ergeben
haben. Vielfach sind auch schwere Organisationsfehler gemacht.

Eine Genossenschaftsart hat sich nicht der Gunst der Regierung
zu erfreuen gehabt. Dies ist der Konsumverein. So sympathisch sich
auch einzelne hohe Staatsbeamte über den Wert des Konsumvereins
geäußert haben (Crüger, „Einführung in das deutsche Genossenschaftswesen", S. 277 ff.), ist doch die Gesetzgebung stets, wie wir
gesehen, der Entwicklung der Konsumvereine entgegengetreten, ohne
jedoch dabei die von der Konkurrenz der Konsumvereine erwarteten
Erfolge zu erreichen. In den Kreisen der Händler ist wiederholt ein
gleiches Vorgehen wie gegen die Konsumvereine gegen die landwirtschaftlichen Genossenschaften gefordert, ohne daß jedoch eine

Regierung auch nur den Versuch gemacht hat, hier zu ähnlichen Maßregeln zu greifen, wie sie sie den Konsumvereinen gegenüber angewendet.

Zu den Beziehungen des Staates zu den Genossenschaften gehört auch die Frage, inwieweit sich die Genossenschaften an den nationalpolitischen Bestrebungen in den Ostmarken beteiligen können. Als im Jahre 1872 in Posen als Unterverband des Allgemeinen deutschen Genossenschaftsverbandes der Verband der deutschen Erwerbs- und Wirtschaftsgenossenschaften der Provinz Posen ins Leben gerufen wurde, erklärte Schulze-Delitzsch die Genossenschaften für ein Mittel zur wirtschaftlichen Stärkung des Deutschtums, gleichzeitig aber auch für ein Werk versöhnenden Elementes. Die Verhältnisse haben sich in den Ostmarken seitdem erheblich trüber gestaltet. Die nationalen Gegensätze sind gewachsen. Es ist ein besonderer polnischer Genossenschaftsverband gegründet. Gleichwohl sind bis vor wenigen Jahren die Genossenschaften von den nationalpolitischen Agitationen im wesentlichen unberührt geblieben. Wenn nun aber Hugenberg in seinem Buch: „Bank und Kreditwirtschaft des deutschen Mittelstandes" schreibt: „Wir sind deutsche Genossenschaften und gönnen dem Polentum in Vorstand, Aufsichtsrat und Generalversammlung keinen Einfluß", und er damit den Ausschluß der Polen aus den deutschen Genossenschaften verlangt, so erscheint uns die hier in Vorschlag gebrachte Kur als eine solche à la Doktor Eisenbart. Bei ihr müßte der Patient, hier die Genossenschaft zugrunde gehen. Ein Blick in die Zusammensetzung des Mitgliederbestandes zeigt die Richtigkeit dieser Annahme. Es ist auch nicht bisher bekannt geworden, daß in dem ländlichen Genossenschaftswesen, auf das Hugenberg selbst großen Einfluß gehabt hat, nach dem von ihm in Vorschlag gebrachten Rezept vorgegangen ist. Sobald die Genossenschaft sich auf ein politisches Gebiet begibt, muß sie Schaden leiden.

Eine systematische Förderung des Genossenschaftswesens mit staatlichen Subventionen hat nur in Preußen stattgefunden. In den übrigen Bundesstaaten hat man sich meist damit geholfen, den dort bestehenden Verbandskassen der Genossenschaften bedeutende Mittel teils unentgeltlich, teils zu niedrigem Zinsfuß zur Verfügung zu stellen. Dabei ist insbesondere die staatliche Förderung in Bayern und Sachsen zu erwähnen.

In Bayern war bereits durch Gesetz vom 11. Juni 1894 der im wesentlichen für die Vereine des Landesverbandes landwirtschaftlicher Darlehnskassen bestimmten Zentraldarlehnskasse ein unverzinslicher Betriebsvorschuß von 100000 Mk. gewährt worden. So-

dann wurde eine staatliche Subvention von 2 Millionen Mk. zu
3% gewährt, die bald auf beinahe 4 Millionen Mk. erhöht wurde.
Ferner wurde durch Gesetz vom 17. Juni 1896 die „Bayrische Landwirtschaftsbank, e. G. m. b. H." gegründet. Die staatliche Einlage
betrug 2 Millionen Mk., wovon 1 Million unverzinslich waren. Außerdem erhielt die Bank einen staatlichen, nicht rückzahlbaren Spesen-
zuschuß von 60000 Mk. Die staatliche Einlage stieg um weitere
2 Millionen Mk., zu 3% verzinslich. Ferner hinterlegte der Staat
nach dem erstgenannten Gesetze einen Betrag von 100000 Mk. zur
Stärkung der Deckung für den Kontokorrentverkehr zwischen den
landwirtschaftlichen Darlehnskassen bei der Königlichen Bank, und
überwies außerdem 4000 Mk. einmalig und 25000 Mk. jährlich an
die Zentral-Darlehnskasse und den Landesverband für Einrichtung
und Betriebskosten. Mit erheblicher staatlicher Subvention wurde im
Jahre 1903 die Bayrische Zentral-Handwerker-Genossenschaftskasse,
e. G. m. b. H., für das Handwerk gegründet. Wie wenig befriedigt
insbesondere die Handwerker von der staatlichen Förderung waren,
zeigt der Bericht über das vierte Geschäftsjahr der Bayerischen Zentral-
Handwerker-Genossenschaftskasse, in dem „von der schlimmen Lage
der Zentralkasse" die Rede ist, wie sie gegen hohen Zins und Bürgschaft sich habe Kredit suchen müssen usw. Um diese Not zu lindern,
beschloß die Bayerische Kammer 1907 eine Erhöhung des staatlichen Kredits auf 1 Million Mk. gegen 3% Zinsen. Ein wertvoller
Beitrag zur Erziehung zur Selbsthilfe mittelst Staatshilfe (BlfG. 1907
Nr. 48).

In Sachsen wurde 1891 in Dresden die Landesgenossenschafts-
kasse mit einer staatlichen Einlage von 2 Millionen Mk. gegründet,
zum Zweck der billigen Kreditgewährung an die Genossenschafts-
verbände mit juristischer Persönlichkeit. Im Jahre 1899/1900 wurden
vom Staate weitere 3 Millionen Mk. zur Verfügung gestellt, von denen
³/₅ für landwirtschaftliche und ²/₅ für gewerbliche Genossenschaften
bestimmt sein sollten. Letztere unterzubringen war schwer wegen
der Garantien, die die Regierung forderte. Über die Bedingungen der
Kreditgewährung vgl. BlfG. 1902, S. 356; 1904, S. 209, 427; 1905,
S. 137; sie kommen auf eine vollständige Bevormundung der Genossenschaften heraus, die es sich gefallen lassen müssen, daß den
Sitzungen des Vorstands und des Aufsichtsrats, den Generalversammlungen ein Regierungskommissar beiwohnt. Endlich im Jahre 1902
ist es der sächsischen Regierung gelungen, den Verband der Hand-
werker-Genossenschaften im Königreich Sachsen (BflG. 1902, Nr. 35)
ins Leben zu rufen. Welche Verwirrung diese Förderung bei den
Gewerbetreibenden hervorgerufen hat, zeigte sich z. B., als Gewerbe-

treibende eines Orts, die eine Genossenschaft gründen wollten, sich an den dortigen Unterverband des Allgemeinen deutschen Genossenschaftsverbandes mit der Anfrage wandten, ob dieser bereit wäre, der Regierung gegenüber die Garantie zu übernehmen für ein Darlehn, das die Regierung zur Verfügung stellen wollte! Es kann der sächsischen Regierung vielleicht nicht verdacht werden, daß sie die Verwendung der Mittel unter Kontrolle behalten will und darauf bedacht ist, sich soweit wie möglich gegen Verluste zu sichern — dann zeigen diese Bemühungen aber auch am klarsten, daß die staatliche Förderung des Genossenschaftswesens nur möglich ist auf Kosten der Selbständigkeit der Genossenschaften. Die Preisgabe der Selbständigkeit bringt aber wiederum die Genossenschaft um jede wirtschaftliche und soziale Bedeutung. Und der Erfolg? Bittere Klagen in der Generalversammlung über unzureichende Staatshilfe.

Auch in Württemberg sind die landwirtschaftlichen Genossenschaften nicht leer ausgegangen. Der Zentralkasse der landwirtschaftlichen Genossenschaften sind gegen 2 Millionen Mk. zu 3—3½% Zins zur Verfügung gestellt; die Kosten der Revision der Genossenschaften trägt zum großen Teil der Staat. Natürlich ist man mit diesen Subventionen nicht zufrieden, sondern verlangt größere Zuschüsse (Verhandlungen der Württembergischen Zweiten Kammer, 23. Sitzung am 14. Mai 1907). Mit Recht erwiderte der Minister von Pischeck: „So sehr ich den Landwirten den billigen Zinsfuß gönne, so sehr ich weiß, wie gerade die Landwirte auf billigen Zinsfuß angewiesen sind, so wenig würde ich es für angebracht ansehen können, wenn jetzt weitere Staatsmittel aufgewendet werden sollen, damit die Landwirte ihr Kreditbedürfnis zu einem um 2 bis 3% billigeren Zinsfuß sollen befriedigen können, als andere Sterbliche."

Wie in Württemberg besteht in Baden die Förderung des landwirtschaftlichen Genossenschaftswesens im wesentlichen in Darlehen, die zu günstigen Zinsbedingungen zur Verfügung gestellt werden.

Im Großherzogtum Hessen ist ein wesentlich anderer Weg eingeschlagen. Es ist dort eine Aktiengesellschaft mit weitgehender staatlicher Unterstützung gegründet; der Gegenstand des Unternehmens ist der Betrieb von Geschäften, die zur Hebung der wirtschaftlichen Lage des Handwerks dienen, insbesondere die Beschaffung von Arbeitsmaschinen und dergl.

Es muß hervorgehoben werden, daß in der Regel alle diese Förderungsbestrebungen, insbesondere die in Bayern, eingeleitet wurden mit scharfen Angriffen auf die Schulze-Delitzschschen Genossenschaften, meist politischer Natur. Der Allgemeine Genossenschaftstag zu Leipzig (1907) hat sich denn auch veranlaßt gesehen, nach einem Referat des Vorsitzenden des Engern Ausschusses des Allgemeinen Verbandes, F. X. Proebst, zu erklären:

„Der Allgemeine Genossenschaftstag der deutschen Erwerbs- und Wirtschaftsgenossenschaften legt ernste Verwahrung ein gegen die immer wiederkehrende Behauptung, die Schulze-Delitzschschen Genossenschaften ständen im Dienste politischer Parteien, würden zur politischen Agitation benutzt, von politischen Parteien beeinflußt, oder übten selbst irgendwelchen Einfluß auf politische Bestrebungen aus. In der ganzen Geschichte des deutschen Genossenschaftswesens findet sich nichts, was diese Anschuldigungen zu bestätigen vermöchte; wohl aber wurden die Genossenschaften von Schulze-Delitzsch selbst und seinen Schülern jederzeit ermahnt, sich von allem politischen Getriebe fernzuhalten. Die Behauptung, die politische Tätigkeit der Genossenschaften sei notorisch, muß deshalb als vollständig unbegründet zurückgewiesen werden." (Mitteilungen über diesen Genossenschaftstag S. 266 ff.)

Die staatliche Förderung des Genossenschaftswesens mit finanziellen Mitteln hat natürlich zu einer außerordentlich starken Vermehrung der Genossenschaften geführt. Um sich aber einigermaßen ein Bild zu machen über den Einfluß, darf man nicht nur die absoluten Zahlen vergleichen, sondern man muß Jahr für Jahr gegenüberstellen Neugründungen und Auflösungen. Tut man dies, so findet man, daß Jahr für Jahr ein sehr hoher Prozentsatz von Auflösungen zu verzeichnen ist.

Danach ergibt sich folgende Übersicht:

a) Kreditgenossenschaften.   b) Konsumvereine.

Im Jahre	Einrichtungen	Auflösungen	Bestand	Im Jahre	Einrichtungen	Auflösungen	Bestand
1896	1437	89	9417	1896	119	110	1409
1897	922	80	10259	1897	81	94	1396
1898	789	198	10850	1898	88	111	1373
1899	708	81	11477	1899	85	54	1404
1900	753	91	12139	1900	157	33	1528
1901	726	86	12779	1901	200	45	1683
1902	771	70	13481	1902	204	40	1847
1903	861	63	14280	1903	178	27	1994
1904	811	80	15011	1904	143	47	2090
1905	695	85	15108[1]	1905	126	57	1922[2]
1906	595	101	15602[1]	1906	141	57	2006[2]

[1] Ausschließlich der Zentralkassen und der nicht eingetragenen Genossenschaften, welche bis 1904 in der Summe nicht enthalten waren.

[2] Ausschließlich der nicht eingetragenen Genossenschaften.

c) Baugenossenschaften.

Im Jahre	Einrichtungen	Auflösungen	Bestand
1896	39	6	165
1897	40	13	192
1898	59	7	244
1899	82	4	322
1900	74	11	385
1901	89	8	466
1902	52	20	498
1903	66	14	550
1904	78	11	617
1905	68	18	641 [1])
1906	82	29	681

d) Gewerbl. Rohstoffgenossenschaften.

Im Jahre	Einrichtungen	Auflösungen	Bestand
1896	8	3	66
1897	9	2	73
1898	10	1	82
1899	15	5	92
1900	54	4	145
1901	49	6	188
1902	37	9	215
1903	57	6	266
1904	38	14	290
1905	31	13	229 [2])
1906	40	12	257

e) Gewerbl. Magazingenossenschaften.

Im Jahre	Einrichtungen	Auflösungen	Bestand
1896	12	5	68
1897	9	7	70
1898	9	12	67
1899	7	1	73
1900	12	5	79
1901	4	2	81
1902	13	—	94
1903	17	3	108
1904	18	6	120
1905	22	13	70 [3])
1906	17	10	73

f) Gewerbl. Werkgenossenschaften.

Im Jahre	Einrichtungen	Auflösungen	Bestand
1896	2	—	20
1897	7	—	30
1898	4	—	34
1899	21	2	53
1900	14	1	66
1901	13	1	78
1902	17	4	91
1903	18	4	105
1904	17	10	112
1905	29	7	206 [4])
1906	61	9	341 [4])

g) Gewerbliche Produktivgenossenschaften.

Im Jahre	Einrichtungen	Auflösungen	Bestand
1896	57	14	172
1897	16	9	179
1898	20	6	193
1899	20	8	203
1900	58	6	255
1901	60	12	303
1902	35	15	323
1903	35	13	345
1904	33	10	368
1905	18	7	210 [5])
1906	39	19	230

h) Landwirtschaftliche Rohstoffgenossenschaften.

Im Jahre	Einrichtungen	Auflösungen	Bestand
1896	69	26	1128
1897	70	31	1167
1898	85	59	1193
1899	71	27	1237
1900	194	37	1394
1901	151	21	1524
1902	175	24	1673
1903	189	25	1837
1904	140	28	1949
1905	127	35	1702 [6])
1906	140	56	1786

[1]) Abzüglich der nicht eingetragenen Baugenossenschaften.

[2]) Nach Abzug der nicht eingetragenen Genossenschaften.

[3]) Bis zum Jahre 1904 wurden in den Listen des Allgem. Verbandes die gewerblichen Magazingenossenschaften nicht getrennt von den Rohstoff- und Magazingenossenschaften geführt.

[4]) Die Genossenschaften waren zum Teil unter „verschiedenen Genossenschafts-Arten" enthalten, seit 1905 hat eine Sonderung stattgefunden.

[5]) Nach Aussonderung der nicht eingetragenen Genossenschaften und Einreihung unter andere Kategorien von Genossenschaften.

[6]) Nach Absetzung der nicht eingetragenen Genossenschaften.

i) Landw. Absatzgenossenschaften.

Im Jahre	Einrich-tungen	Auf-lösungen	Bestand
1896	26	—	45
1897	40	2	83
1898	28	5	106
1899	28	7	127
1900	36	9	154
1901	52	5	201
1902	49	6	244
1903	37	12	269
1904	35	20	284
1905	44	17	257[1]
1906	48	12	290

k) Landw. Werkgenossenschaften.

Im Jahre	Einrich-tungen	Auf-lösungen	Bestand
1896	129	—	377
1897	83	5	455
1898	42	15	482
1899	34	15	501
1900	67	21	547
1901	73	29	591
1902	73	28	636
1903	64	29	671
1904	60	24	707
1905	21	9	279[2]
1906	49	8	321

l) Landwirtschaftliche Produktivgenossenschaften.

Im Jahre	Einrich-tungen	Auf-lösungen	Bestand
1896	226	65	1765
1897	201	34	1932
1898	198	113	2017
1899	189	20	2186
1900	356	35	2507
1901	343	31	2819
1902	204	55	2968
1903	222	55	3130
1904	208	68	3270
1905	195	71	3264[3]
1906	221	92	3362[4]

Ermittelungen für das letzte Jahr haben ergeben, daß 84,7% der Auflösungen Genossenschaften betreffen, die im letzten Jahrzehnt errichtet sind. Die hohe Zahl der Auflösungen entfällt also tatsächlich auf die Neugründungen des letzten Jahrzehnts.

Daß übrigens nicht nur staatliche finanzielle Förderung, sondern ebenso jede Beeinflussung des Genossenschaftswesens, die darauf zurückzuführen ist, daß ohne Prüfung der Bedürfnisfrage nur an die Gründung der Genossenschaft gedacht wird, dazu führt, daß die Genossenschaften nur der Zahl nach vermehrt werden, zeigt die Entwicklung der Konsumvereine. Hier war es nicht der Staat, der die Entwicklung förderte, sondern hier sprachen andere Faktoren mit. Auch deren Ergebnis war, daß ohne Rücksicht auf die lokalen Verhältnisse und ohne Prüfung des Bedürfnisses die Gründung von Genossenschaften dadurch erleichtert wurde, daß Warenlager zur Verfügung gestellt wurden, so daß die Genossenschaft selbst und

---

[1] Nach Abzug der nicht eingetragenen Genossenschaften.
[2] Nach Abzug der überwiegend nicht eingetragenen Genossenschaften.
[3] Nach Abzug der nicht eingetragenen Genossenschaften.
[4] Nach Übertragung in eine andere Kategorie.

ihre Mitglieder zunächst keinerlei Anstrengungen zu machen nötig
hatten. Die Wirkung war denn auch dieselbe, wie unter dem Einfluß der staatlichen finanziellen Förderung: zahlreiche Gründungen,
mit denen teilweise die Zahl der Auflösungen fast gleichen Schritt
hielt. —

Die Staatshilfe sollte erzieherisch wirken. So sagten die Befürworter der Staatshilfe. Die Gegner meinten, die Staatshilfe müßte
lähmend auf die Entwicklung der eigenen Kraft wirken. Berücksichtigt man die zahlenmäßige Vermehrung der Genossenschaften,
so müßte hieraus vielleicht geschlossen werden, daß jene recht haben,
die die Meinung vertreten, daß die staatliche Anregung zur Entwicklung der eigenen Kraft führen würde. Gegen diese Annahme spricht
aber schon die große Zahl der Auflösungen. Die Auflösungen er-
bringen den Beweis, daß die Betätigung der Selbsthilfe nur eine
minimale gewesen sein kann, daß die Selbsthilfe oftmals gerade nur
insoweit eingesetzt hat, als es notwendig war, um die Hilfe des Staates
zu erhalten. Noch deutlicher tritt dies aber in die Erscheinung,
wenn man sich die Kreditbasis der Genossenschaften etwas näher
ansieht. Wir haben oben (§ 15) über die Entstehung der beschränkten
Haftpflicht gesprochen und dabei auch schon die Frage der Kreditbasis der Genossenschaft gestreift. Für die Kreditbasis der Genossenschaft ist entscheidend das eigene Vermögen und die Haftpflicht. Für
letztere kommt die unbeschränkte Haftpflicht (wozu auch die unbeschränkte Nachschußpflicht gehört und die beschränkte Haftpflicht)
hinzu. Wir haben gesehen, daß für die Beurteilung der Kreditbasis
der Genossenschaft sehr verschiedene Momente in Betracht zu ziehen
sind. In erster Reihe wird man freilich dort, wo die unbeschränkte
Haftpflicht gewählt wird, an dem ernsten Willen der Beteiligten zu
zweifeln keine Veranlassung haben. Es ist aber nicht zu verkennen, daß bei einem gewissen Druck von oben her besonders
unter den ländlichen Verhältnissen leicht Stimmung für die Wahl der
unbeschränkten Haftpflicht gemacht werden kann — wenigstens
leichter wie z. B. bei Gewerbtreibenden, die immerhin doch mehr
kaufmännische Einsicht besitzen als der kleine Landwirt — wenn
im übrigen nur an die augenblicklichen Leistungen die geringsten
Ansprüche gestellt werden. So erklärt es sich sehr einfach, daß
z. B. die ländlichen Darlehnskassen meist auf der unbeschränkten
Haftpflicht beruhen, ihre Mitglieder brauchen nach Raiffeisenschen
Grundsätzen wenigstens sich um die Kapitalbildung nicht zu sorgen,
sie haben nur minimale Einzahlungen auf Geschäftsanteil zu leisten.
Man wird nicht fehl gehen, wenn man annimmt, daß doch der wirkliche Ernst insbesondere dort zum Ausdruck kommt, wo die Mit-

glieder unzweideutig zu erkennen geben, daß sie zu ihren Verhältnissen angemessenen Leistungen und zur Übernahme eines gewissen
Risikos bereit sind. Natürlich ist dabei immer an ein Risiko gedacht,
das im rechten Verhältnis zu den erwarteten Erfolgen steht. Wir
müssen also, um die Ernsthaftigkeit der Gründung und die Aus-
sichten auf eine Lebensfähigkeit der Genossenschaft zu prüfen, insbesondere auch die Vermögensbildung der Genossenschaft ins Auge
fassen. Wenn wir da die Beobachtung machen, daß sich zahlreiche
Genossenschaften gebildet haben, bei denen die Vermögensbildung
eine minimale ist und bleiben muß, dann werden wir mit Fug und
Recht die Gründung solcher Genossenschaft als Genossenschafts-
spielerei zu bezeichnen berechtigt sein, wobei noch in Betracht
kommt, daß aus einer derartigen Spielerei schwere wirtschaftliche
Gefahren sich entwickeln können. Und es ist beachtenswert, daß
auch insbesondere in den statistischen Publikationen der Preußischen
Zentral-Genossenschafts-Kasse auf diese Gefahren hingewiesen wird.
Da ist sehr lehrreich die folgende Zusammenstellung, die sich auf
das Jahr 1903 bezieht; es haben 57% der Kreditgenossenschaften mit unbeschränkter Haftpflicht und 43% der Kreditgenossenschaften mit beschränkter Haftpflicht einen Geschäftsanteil unter
20 Mark. 46% aller Genossenschaften beruhen auf einem Geschäftsanteile unter 10 Mark, 2½% aller bestehenden Genossenschaften
beruhen auf einem Geschäftsanteil unter 1 Mark! Dann aber übersteigt bei 12% der Genossenschaften mit beschränkter Haftpflicht die
Haftsumme den Geschäftsanteil um das 50fache bis über das
tausendfache. In den „Mitteilungen der Preußischen Zentral-Genossenschafts-Kasse" heißt es weiter: „Bedrohlich wird aber das sehr
hohe Vielfache, zumal wenn die Haftsumme hoch, der Geschäftsanteil niedrig ist. Wenn die Haftsumme das 300-, das 500-, ja das
1000fache des selbst niedrigen Geschäftsanteiles von 1 Mark oder
50 Pfennig erreicht oder überschreitet, so kann ja freilich auch dann
noch alles in guter Ordnung und ohne wirtschaftliche Gefährdung
der Mitglieder ablaufen; aber es wird doch anscheinend die Grenze
überschritten, die für die Genossenschaft verständigerweise so gezogen werden muß, daß der genossenschaftliche Zusammenschluß
nicht zur Belastung mit unverhältnismäßigem Risiko führt!" Ganz
gleiche Ergebnisse zeigen die kürzlich erschienenen „Mitteilungen zur
deutschen Genossenschaftsstatistik für 1906". Bei der vor einigen
Jahren zusammengebrochenen Friedeberger Verbandskasse be-
gnügte man sich für den Geschäftsanteil mit einer Einzahlung
von einigen Mark, die Haftsumme auf den Geschäftsanteil betrug 10000 Mark. Zwei Berliner Verbandskassen sind bekannt,

von denen die eine 12 und die andere 7 Mitglieder hatten, und bei diesen beiden Genossenschaften waren 478 Geschäftsanteile mit einer Haftsumme von 956 000 Mark gezeichnet. Bei der Provinzial-Genossenschafts-Kasse in Posen muß, nach dem Geschäftsbericht der Kasse für 1904, es Mitglieder gegeben haben, die eine Haftsumme von 500 000 Mark übernommen hatten. Bei der Verbandskasse des Bundes der Landwirte beträgt der Geschäftsanteil 20 Mark, die Haftsumme 1000 Mark. Ein Mitglied dieser Verbandskasse hatte eine Haftsumme von 1 299 000 Mark. Die zusammengebrochene Dortmunder Ein- und Verkaufsgenossenschaft war bei derselben Verbandskasse beteiligt mit einer Gesamthaftsumme von 999 000 Mark. In allen diesen Fällen handelt es sich um Genossenschaften mit beschränkter Haftpflicht, bei denen in Wirklichkeit die „Beschränkung" der Haftpflicht ganz außergewöhnlich hohe Garantien zur Folge hat. Dazu kommt vielfach eine gegenseitige Mitgliedschaft, die zu unentwirrbaren Haftpflichtverhältnissen führt.

§ 18.

Die Kirche und das Genossenschaftswesen.

Wir erwähnten der Gründung konservativer Kreditgenossenschaften. Es hat auch zur gleichen Zeit klerikale Kreditgenossenschaften gegeben. Über die Bestimmung solcher Genossenschaften haben die Statuten keinen Zweifel gelassen. Es findet sich z. B. die Vorschrift, daß Mitglieder nur solche werden können, die „ihren religiösen Pflichten pünktlich obliegen, sich eines guten Rufes erfreuen, solid, sparsam und fleißig sind". (Bl. f. Genoss.-W. 1866, Nr. 44, S. 173.) Der 22. Katholikentag im Jahre 1872 bezeichnete es als notwendig, Vorschuß-, Sparkassen-, Konsum-, Rohstoff- und ähnliche Vereine — alle auf katholischer Grundlage — ins Leben zu rufen, um die Sparsamkeit zu fördern, um den Minderbemittelten Gelegenheit zu bieten, um den Mittelstand zu halten und zu fördern. Und wie bei den konservativen Kassen können wir auch bei den konfessionellen die Beobachtung machen, daß in der letzten Zeit jene Versuche der 60er Jahre wieder erneuert werden. Die Germania vom 13. März 1901 berichtete aus Ober-Glogau, daß der katholische Volksverein dort den ersten praktischen Nutzen für die Stadt geschaffen, indem er eine Handwerkerkreditgenossenschaft gegründet.

Christliche Grundsätze wollte Keppler der Produktivgenossenschaft zugrunde legen.

„Christliche" Konsumvereine wurden im Jahre 1905 in Rheinland-Westfalen gegründet, sie schufen noch eine Zentral-Einkaufs-Genossenschaft zu München-Gladbach, die jedoch bald ihre Auflösung beschließen mußte.

Von kirchlichen Tendenzen ging Raiffeisen aus. Sie führten zur Absonderung der hessischen und badischen Genossenschaften (§ 10).

Die Raiffeisenschen Darlehnskassen hatten einen besonderen Internationalen Verband gegründet, der im Jahre 1897 in Frankreich tagte. Der Präsident des französischen Verbandes Durant erklärt in seiner Eröffnungsrede: „Wir müssen alle unsere Handlungen der katholischen Moral unterwerfen, wir müssen allen unseren Werken den katholischen Geist geben. Und wenn wir in die Versuchung kämen, dies zu vergessen, so würde die gewaltige Stimme des Papstes uns zu unserer Pflicht zurückrufen."

Die Geistlichkeit beider Konfessionen hat sich um das Genossenschaftswesen bemüht. Auf dem Kongreß für Innere Mission zu Posen im Jahre 1895 wurde erklärt, daß die „Raiffeisenschen Darlehnskassen nach Organisation Friedrich Wilhelm Raiffeisens ein echt christliches Unternehmen seien, in welchem praktische Sozialreform auf christlicher Grundlage zur Tat und Wahrheit wird."

Und der Anwalt des Reichsverbandes der deutschen landwirtschaftlichen Genossenschaften, der sich im Jahre 1883 von Neuwied trennte, weil in dem Neuwieder Verband „christliche Bruderliebe" allzusehr betont wurde, überbrachte dem Genossenschaftstag des Reichsverbandes zu Straßburg (1905) die Wünsche des Papstes, indem er hervorhob, daß er in seiner Eigenschaft als Anwalt des großen genossenschaftlichen Bundes bei Seiner Heiligkeit um Gewährung einer Privataudienz nachgesucht, die ihm, dem Protestanten, huldvollst gewährt wurde. Auf dem gleichen Genossenschaftstag wurde auch folgender Antrag angenommen:

„Sittliche und religiöse Triebfedern waren es, die in den Gründern unseres Genossenschaftswesens gearbeitet haben und zur Bildung desselben nötigten."

Auch in das sozialreformatorische Genossenschaftswesen (§ 17) spielte die christliche Grundlage des Genossenschaftswesens hinein. v. Broich behauptete, daß das sozialreformatorische Genossenschaftswesen „eine übersehene Aufgabe des praktischen Christentums zu erfüllen habe".

Bei Betrachtung der Beziehungen des Staates zu dem Genossenschaftswesen stellten wir fest, daß Politik unbedingt aus den Genossenschaften ferngehalten werden müßte. Das Gleiche gilt von der Religion. Es mag nochmals das Wort Gierkes wiederholt werden: „Nur die freie Assoziation schafft Gemeinheiten, in welchen die wirtschaftliche Freiheit fortbesteht."

§ 19.

Anwendungsmöglichkeit der Genossenschaft.

An verschiedenen Stellen haben wir uns mit der Anwendungsmöglichkeit der Genossenschaft befaßt. Hier mögen die wichtigsten Grundsätze zusammengestellt werden.

Zunächst muß man sich vergegenwärtigen, daß § 1 des G. G. bestimmt, „die Genossenschaft ist eine Gesellschaft von nicht geschlossener Mitgliederzahl, welche die Förderung des Erwerbs oder der Wirtschaft ihrer Mitglieder mittels gemeinschaftlichen Geschäftsbetriebes bezweckt." Eine Gesellschaft, die einen andern Zweck verfolgt, kann sich nicht als eingetragene Genossenschaft konstituieren. Oben unter § 7 ist diese Zweckbestimmung näher erörtert. Gesellschaften, die nicht unter die Begriffsbestimmung des § 1 des Gesetzes fallen, können folglich nicht nach dem G. G. gegründet werden. Im Einzelfall kann es zweifelhaft sein, ob die Gesellschaft sich der Rechtsform der eingetragenen Genossenschaft zu bedienen imstande ist. Rechtliche Bedenken werden durch geschickte Fassung des Statuts möglicherweise zu beseitigen sein. Wichtiger ist, ob auch etwaige wirtschaftliche Zweifel zu heben sind. Und hier ist vor allem im Auge zu behalten die rechtliche und wirtschaftliche Natur der Genossenschaft als Personalgesellschaft. Es ist z. B. denkbar, daß zur Errichtung eines Elektrizitätswerkes oder einer Brauerei die Form der eingetragenen Genossenschaft gewählt wird, es ist aber auch ebenso möglich, daß dem Elektrizitätswerk oder der Brauerei der Todeskeim schon in die Gründung hineingetan wird, wenn man die Form der eingetragenen Genossenschaft wählt. Es gehört zur Eigenart der Genossenschaft, daß ihre Mitgliederzahl eine „nicht geschlossene" ist. Damit steht im engsten Zusammenhang, daß auch das Kapital, das die Mitglieder einbringen, nicht unter allen Umständen dauernd dem Betrieb gewidmet bleibt. Dem Ausscheiden des Mitgliedes folgt die Auseinandersetzung nach § 73 des Gesetzes, und es muß dem ausscheidenden Mitglied sein Geschäftsguthaben ausbezahlt werden. Die Genossenschaft dient der Förderung des Erwerbs oder der Wirtschaft ihrer Mitglieder. Scheidet ein Mitglied aus der Genossenschaft aus, verliert die Genossenschaft nicht nur einen Abnehmer ihrer Produkte, sondern das ausscheidende Mitglied schwächt unter Umständen noch die finanzielle Grundlage infolge seiner Auseinandersetzung mit der Genossenschaft. Auch die Genossenschaft verfügt infolge der Reserven- und der Geschäftsguthabenbildung über Kapital, aber nur der Reservefonds bleibt der Genossenschaft, solange sie besteht, das Geschäftsguthaben kann von den austretenden Mitgliedern zurückgezogen werden. Unanwendbar ist die Genossenschaft dort, wo dem Unternehmen ein großes Kapital dauernd gesichert sein muß.

Nicht am Platz ist die eingetragene Genossenschaft ferner, wo es sich weniger um Förderung des Erwerbs oder der Wirtschaft der Mitglieder handelt, als vielmehr um die Verwertung des Kapitals und vor allem, wenn das Kapital auf lange Zeit festgelegt werden soll. Mit Recht hat daher das Reichshypothekenbankgesetz vom 13. Juli 1899 die Gründung von Hypothekenbanken in der Form der eingetragenen Genossenschaft ausgeschlossen. Um so auffälliger ist, daß wenige Jahre vorher noch in Berlin, und zwar mit weitgehender staatlicher Subvention, die Bayrische Landwirtschaftsbank, e. G. m. b. H., in München gegründet ist, die das Recht verliehen erhielt, Pfandbriefe auszugeben. Natürlich kann auch hierin eine Förderung des Erwerbs der Mitglieder liegen, und es gibt Genossenschaften, bei denen Zweifel darüber entstehen kann, ob der eine oder andere Zweck mehr im Vordergrunde steht. Bei der Gründung der Genossenschaft soll man im Interesse der Sache und im Interesse der Beteiligten sich die Frage vorlegen, auf die Erreichung welchen Zweckes es schließlich ankommt. So kann z. B. für eine Molkereigenossenschaft die Form der kapitalistischen Gesellschaft mit beschränkter Haftung weit besser am Platze sein, wie die Form der eingetragenen Genossenschaft. Das soziale Moment kommt hier, wo es sich für die Landwirte allein darum handelt, aus dem Nebenprodukt einen möglichst guten Preis zu erzielen, gar nicht in Betracht.

Unanwendbar ist die Form der Genossenschaft, wenn es sich allein um die Verwertung eines vorhandenen Unternehmens handelt. Zur Eigenart der Kapitalgesellschaft und der Gesellschaft mit beschränkter Haftung und der Aktiengesellschaft gehört, daß „Sacheinlagen" von Aktionären oder Gesellschaftern eingebracht werden. Und die Gesellschaft ist im wesentlichen gegründet, um diese Sacheinlagen zu verwerten. Eine solche Gründung in der Form der eingetragenen Genossenschaft ist ausgeschlossen.

Und um die Anwendungsmöglichkeit der Genossenschaft unter richtigem Gesichtspunkt zu untersuchen, darf nicht aus dem Auge verloren werden, daß eine Beschränkung im Umfange des Betriebes sich sowohl aus der Natur der Sache wie auch aus der Möglichkeit der Ausdehnung des Mitgliederkreises ergibt. Beschränkung, die sich aus der Natur der Sache ergibt — wir denken dabei an das schon hervorgehobene Moment des capitale variable. Und nicht minder wichtig ist die Erwägung, ob und inwieweit der Mitgliederkreis ausgedehnt werden kann. Wesentliche Voraussetzung ist ein möglichst gleichartiges Interesse aller Mitglieder. Auch dies liegt schließlich in der „Natur der Sache". Dazu kommt nun aber noch das allgemeine gleiche Stimmrecht der Mitglieder und die Unmöglichkeit, das Stimmrecht, abgesehen von den wenigen Ausnahmefällen, die der § 43 des Gesetzes zuläßt, auf andere Mitglieder oder auch auf Nichtmitglieder zu übertragen. Hieraus ergibt sich, daß der Genossenschaft immer eine gewisse lokale Natur innewohnen wird. Eine Genossenschaft, die sich über ein Gebiet erstreckt, so groß, daß sich sofort für die Mitglieder die Unmöglichkeit ergibt, an der Generalversammlung teilnehmen zu können, entspricht nicht dem Wesen der eingetragenen Genossenschaft des deutschen Genossenschaftsgesetzes. Es soll ganz davon abgesehen werden, daß selbstverständlich in allen solchen Fällen die soziale Tätigkeit der Genossenschaft vollkommen außer acht bleiben muß. Auch aus wirtschaftlichen Momenten ist eine derartige Genossenschaft ein Widersinn. Für die Verwaltung fehlt die Möglichkeit der Kontrolle — für die Mitglieder mangelt die Möglichkeit der Ausübung ihrer Rechte in der Generalversammlung.

Dazu kommen nun noch allerdings im engsten Zusammenhang mit der Zweckbestimmung in § 1 die Vorschriften des § 81 des Genossenschaftsgesetzes, wo vorgeschrieben ist, daß eine Genossenschaft aufgelöst werden kann, wenn sie sich gesetzwidriger Handlungen oder Unterlassungen schuldig macht, durch welche das Gemeinwohl gefährdet wird — insoweit gelten wesentlich gleiche Bestimmungen auch für die Aktiengesellschaft — dann aber auch, „wenn sie andere, als die in diesem Gesetz bezeichneten geschäftlichen Zwecke verfolgt."

Die Genossenschaft ist ein Handelsunternehmen. Sie führt zur Aufhebung der Arbeitsteilung. Die Tätigkeit der Genossenschaft kann zur Folge haben, daß ihre Mitglieder die Gewinne erzielen, die bisher Dritten zufielen und vor Gründung der Genossenschaft für

die Mitglieder derselben gewisse Arbeitsleistungen ausführten. Hier
gilt jedoch, daß man nicht schlechterdings alles auf genossenschaftlichem Wege durchsetzen und erreichen kann, nicht jedes Gewerbe
und jeden Handel zu betreiben vermag, und so allmählich alle Reichtümer der Welt anderen aus den Händen nehmen und den genossenschaftlich verbundenen Gewerbtreibenden zu Füßen legen kann
(§ 10). Wie vor der Gründung jedes geschäftlichen Unternehmens
ist auch bei der Genossenschaft zu prüfen und festzustellen, ob der
mögliche Erfolg im richtigen Verhältnis zu dem Unternehmen steht.

Wie auf dem Gebiet des landwirtschaftlichen Genossenschaftswesens, zeigt sich auf dem der Konsumvereine eine Überschätzung
der Anwendungs- und Ausbreitungsmöglichkeit der genossenschaftlichen Organisation (§ 13). Gegenüber einem von dem General-
sekretär des englischen Genossenschaftsverbandes gemachten Vorschlag, den föderativen Genossenschaftsbund durch den Genossen-
schaftsstaat zu ersetzen, d. h. Aufgabe der Individualität der Einzelgenossenschaft zugunsten der Zentrale, hat der Allgemeine Genossenschaftstag zu Leipzig (1907) Stellung genommen mit der Erklärung:

„Der Allgemeine Genossenschaftstag erblickt die Grundlage aller
genossenschaftlichen Arbeit in der Tätigkeit der selbständigen Einzelgenossenschaften, die zwar nach einheitlichen Grundsätzen organisiert und verwaltet und zur gemeinsamen Vertretung ihrer Interessen
zu Verbänden zusammengefaßt sein sollen, im übrigen aber in der
Betätigung persönlicher Initiative und individuellen Strebens ihrer
Verwaltungen nicht beschränkt sind.

Er hält die Heranziehung der Genossenschaftsmitglieder zur
Geschäftsführung für das beste Mittel, diese auf dem Boden der
Selbsthilfe zur Selbständigkeit und Selbstverantwortung zu erziehen
und dadurch echt genossenschaftliches Leben zu wecken und zu
fördern." — (Mitteilungen über diesen Genossenschaftstag S. 107 ff.)

So bedeutsam in sozialer und wirtschaftlicher Beziehung die
Genossenschaft ist, so groß das Arbeitsfeld, das sich noch vor ihr
erstreckt, es gilt auch hier das Wort: in der Beschränkung zeigt
sich der Meister, und es kann das Bessere der Feind des Guten
werden. Der genossenschaftliche Erfolg wird stets in Frage gestellt,
wo bei der Gründung die wirtschaftliche und rechtliche Natur der
Genossenschaft außer acht gelassen, wo man Kräfte einsetzt, die
nicht im richtigen Verhältnis zu dem zu erstrebenden Ziel stehen.
Ein genossenschaftlicher Mißerfolg ist aber von ganz besonderer
Bedeutung und wirkt oft über den Kreis der Mitglieder weit hinaus,
weil der Verlust Personen trifft, die nach ihrer wirtschaftlichen Lage
finanzielle Schäden nur schwer ertragen können.

§ 20.

Statistisches.

Als `Material für die nachstehenden Tabellen haben gedient: Jahr- und Adreßbuch der Erwerbs- und Wirtschaftsgenossenschaften im Deutschen Reich 1907, herausgegeben von der Preußischen Zentral-Genossenschafts-Kasse; Jahrbuch des Allgemeinen Verbandes der auf Selbsthilfe beruhenden deutschen Erwerbs- und Wirtschaftsgenossenschaften, e. V., für 1906; Jahrbuch des Reichsverbandes der deutschen landwirtschaftlichen Genossenschaften für 1906, und die Geschäftsberichte, die von dem Verbande Raiffeisenscher Organisation (Neuwied), dem Hauptverbande der deutschen gewerblichen Genossenschaften und den übrigen in den einzelnen Tabellen namhaft gemachten Verbänden herausgegeben sind.

Einen wichtigen Beitrag zu dem Genossenschaftswesen in den Großstädten bringen die Darstellungen von F. X. Pröbst in dem „Statistischen Jahrbuch deutscher Städte": Kreditgenossenschaften im Jahre 1899 (10. Jahrgang); Konsumvereine im Jahre 1901 (12. Jahrgang); Produktivgenossenschaften im Jahre 1902 (12. Jahrgang).

Sehr wertvolles statistisches Material enthalten die von Dr. A. Petersilie (Leiter der statistischen Abteilung der Preußischen Zentral-Genossenschafts-Kasse) bearbeiteten „Mitteilungen zur deutschen Genossenschaftsstatistik" (1899, 1900, 1901, 1903, 1905, 1908) und die von demselben herausgegebene Darstellung: „Die Entwicklung der eingetragenen Genossenschaften in Preußen während des letzten Jahrzehnts" (1906); ferner das von der Preußischen Zentral-Genossenschafts-Kasse herausgegebene „Genossenschaftskataster für das Deutsche Reich" (Berlin 1904).

I. Verbände deutscher Erwerbs- und Wirtschaftsgenossenschaften.

Die Mehrzahl der deutschen Erwerbs- und Wirtschaftsgenossenschaften ist zum Zweck des Austausches der gemachten Erfahrungen, zur Erteilung von Rat und Auskunft, zur Wahrung und Verfolgung gemeinsamer Interessen und zur Durchführung der durch das Reichsgesetz betreffend die Erwerbs- und Wirtschaftsgenossenschaften angeordneten Revisionen zu Verbänden zusammengetreten.

Innerhalb der Revisionsverbände sind fünf große Gruppen unterschieden und zwar:

A. Revisionsverbände des Allgemeinen Verbandes der auf Selbsthilfe beruhenden deutschen Erwerbs- und Wirtschaftsgenossenschaften,

B. Revisionsverbände des Reichsverbandes der deutschen landwirtschaftlichen Genossenschaften, einschließlich der Revisionsverbände des Generalverbandes ländlicher Genossenschaften für Deutschland,

C. Revisionsverbände des Zentralverbandes deutscher Konsumvereine,

D. Revisionsverbände des Hauptverbandes deutscher gewerblicher
Genossenschaften,

E. Andere Revisionsverbände, die nicht zu den vier großen Vereinigungen gehören.

**A. Revisionsverbände des Allgemeinen Verbandes der auf Selbsthilfe
beruhenden deutschen Erwerbs- und Wirtschaftsgenossenschaften, e. V.[1])**

1. Verband der Erwerbs- und Wirtschaftsgenossenschaften Schle-
siens in Breslau.
2. Verband der Konsumvereine der Provinz Schlesien in Breslau.
3. Verband der deutschen Erwerbs- und Wirtschaftsgenossenschaften der Provinz Posen in Bromberg.
4. Verband der Kreditvereine zu Berlin.
5. Verband der ost- und westpreußischen Erwerbs- und Wirtschaftsgenossenschaften in Allenstein.
6. Verband der Vorschuß- und Kreditvereine von Pommern und
den Grenzkreisen der Mark Brandenburg in Stettin.
7. Verband rheinisch-westfälischer Konsumvereine in Lüdenscheid.
8. Verband der Vorschuß- und Kreditvereine von Nordwest-
Deutschland in Elmshorn.
9. Verband hessischer Vorschuß- und Kreditvereine in Kassel.
10. Verband der Kreditgenossenschaften der Lausitz und der benachbarten Landesteile in Guben.
11. Verband der Erwerbs- und Wirtschaftsgenossenschaften am
Mittelrhein in Wiesbaden.
12. Verband der Kreditgenossenschaften von Westbrandenburg und
den angrenzenden Landesteilen in Brandenburg a. H.
13. Verband der Konsumvereine der Provinz Sachsen und der
angrenzenden Provinzen und Staaten in Magdeburg.

---

[1]) Der „Allgemeine Verband" besitzt als solcher nicht das Recht zur
Bestellung des Revisors.

14. Verband der Erwerbs- und Wirtschaftsgenossenschaften im Regierungsbezirke Magdeburg, Herzogtum Braunschweig und in der Provinz Hannover in Burg bei Magdeburg.

15. Verband der Kreditgenossenschaften von Rheinland, Westfalen, Lippe und Waldeck in Boppard.

16. Verband der Vorschußvereine in der Provinz Sachsen und dem Herzogtum Anhalt in Merseburg.

17. Verband der Konsumvereine der Lausitz und der angrenzenden Provinzen und Landesteile in Görlitz.

18. Verband der Baugenossenschaften Deutschlands in Blumenthal in Hannover.

19. Verband der Baugenossenschaften von Hessen-Nassau und Süddeutschland in Kassel.

20. Konsumvereins-Verband von Brandenburg, Pommern und angrenzenden Landesteilen in Stargard in Pommern.

21. Verband sächsischer Erwerbs- und Wirtschaftsgenossenschaften in Chemnitz.

22. Verband der oberbadischen Erwerbs- und Wirtschaftsgenossenschaften in Jestetten.

23. Verband der unterbadischen Kreditgenossenschaften in Karlsruhe.

24. Verband der norddeutschen Erwerbs- und Wirtschaftsgenossenschaften in Neustrelitz.

25. Verband thüringischer Vorschußvereine in Meiningen.

26. Bayrischer Genossenschaftsverband in München.

27. Verband der fränkischen Vorschuß- und Kreditgenossenschaften in Miltenberg.

28. Verband pfälzischer Erwerbs- und Wirtschaftsgenossenschaften in Zweibrücken.

29. Verband der Konsumvereine in Bayern, Württemberg, Baden und angrenzenden Bundesstaaten in München.

30. Verband der Erwerbs- und Wirtschaftsgenossenschaften in Starkenburg und Oberhessen in Darmstadt.

B. Revisionsverbände des Reichsverbandes der deutschen landwirtschaftlichen Genossenschaften.[1])

1. Verband der schleswig-holsteinischen landwirtschaftlichen Genossenschaften, e. V. in Kiel.

---

[1]) Der „Reichsverband" besitzt als solcher nicht das Recht zur Bestellung des Revisors. Auf dem Genossenschaftstage zu Bonn am 27. August 1903 ist aber die Nachsuchung der Verleihung des Revisionsrechtes für die ihm unmittelbar angehörigen Genossenschaften beschlossen worden.

2. Verband der nassauischen landwirtschaftlichen Genossenschaften in Wiesbaden.

3. Verband hannoverscher landwirtschaftlicher Genossenschaften, e. V. in Hannover.

4. Verband der landwirtschaftlichen Genossenschaften für Westpreußen, e. V. in Graudenz (Verbandsbureau in Neumark in Westpr.).

5. Verband wirtschaftlicher Genossenschaften des Ermlandes, e. V. in Wormditt.

6. Verband schlesischer ländlicher Genossenschaften in Breslau.

7. Verband ländlicher Genossenschaften der Provinz Westfalen, e. V. in Münster.

8. Verband der rheinpreußischen landwirtschaftlichen Genossenschaften, e. V. in Bonn.

9. Verband landwirtschaftlicher Genossenschaften für Ostpreußen, e. V. in Insterburg.

10. Verband rheinischer Genossenschaften, e. V. in Köln.

11. Verband pommerscher landwirtschaftlicher Genossenschaften, e. V. in Stettin.

12. Provinzialverband schlesischer landwirtschaftlicher Genossenschaften, e. V. in Breslau.

13. Verband der landwirtschaftlichen Genossenschaften für die Provinz Brandenburg, e. V. in Berlin.

14. Molkereiverband der Provinz Pommern, e. V. in Stettin.

15. Verband der landwirtschaftlichen Genossenschaften für die Provinz Posen, e. V. in Posen.

16. Verband der landwirtschaftlichen Genossenschaften der Provinz Sachsen und der angrenzenden Staaten, e. V. in Halle a. S.

17. Verband der landwirtschaftlichen Genossenschaften des Regierungsbezirkes Kassel und angrenzender Gebiete, e. V. in Kassel.

18. Meierei-Verband für die Provinz Westfalen, Lippe und Waldeck, e. V. in Münster.

19. Verband der landwirtschaftlichen Genossenschaften im Königreich Sachsen, e. V. in Dresden.

20. Verband der badischen landwirtschaftlichen Konsumvereine, rechtsfähiger Verein in Karlsruhe.

21. Verband von Molkerei- und anderen landwirtschaftlichen Genossenschaften und Gesellschaften, rechtsfähiger Verein in Rostock i. M.

22. Verband oldenburgischer landwirtschaftlicher Genossenschaften, e. V. in Oldenburg.

23. Bayerischer Landesverband landwirtschaftlicher Darlehens-kassenvereine und sonstiger landwirtschaftlicher Genossen-schaften mit unbeschränkter Haftpflicht, e. V. in München [1]).

24. Verband pfälzischer landwirtschaftlicher Genossenschaften, e. V. in Landau.

25. Verband der hessischen landwirtschaftlichen Genossenschaften, rechtsfähiger Verein in Darmstadt.

26. Revisionsverband landwirtschaftlicher Genossenschaften in Elsaß-Lothringen, e. V. in Straßburg.

27. Verband mittelfränkischer Darlehenskassenvereine in Ansbach.

Ferner folgende, auch dem Generalverbande länd-licher Genossenschaften für Deutschland angehörige Revisionsverbände.

1. Verband ländlicher Genossenschaften der Provinz Ostpreußen, e. V. in Königsberg i. Pr.

2. Verband ländlicher Genossenschaften für die Provinz West-preußen, e. V. in Danzig.

3. Verband ländlicher Genossenschaften Raiffeisenscher Organi-sation für Brandenburg, Pommern und beide Mecklenburg, e. V. in Berlin.

4. Verband deutscher Genossenschaften in der Provinz Posen, e. V. in Posen.

5. Verband ländlicher Genossenschaften Raiffeisenscher Organi-sation für die Provinz Schlesien, e. V. in Breslau.

6. Verband ländlicher Genossenschaften für Thüringen, e. V. in Erfurt.

7. Hessischer Verband ländlicher Genossenschaften, e. V. in Kassel.

8. Verband ländlicher Genossenschaften Raiffeisenscher Organi-sation für Nassau, e. V. in Wiesbaden.

9. Verband ländlicher Genossenschaften Raiffeisenscher Organi-sation der Rheinlande, e. V. in Koblenz.

10. Verband ländlicher Genossenschaften Raiffeisenscher Organi-sation für Bayern rechtsrheinisch, e. V. in Nürnberg.

11. Verband ländlicher Genossenschaften Raiffeisenscher Organi-sation für Rheinpfalz, Baden, Großherzogtum Hessen, e. V. in Ludwigshafen a. Rh.

---

[1]) und der zum Verbande der pfälzischen landwirtschaftlichen Genossen-schaften gehörigen Spar- und Darlehnskassen.

12. Verband ländlicher Genossenschaften Raiffeisenscher Organisation für Elsaß-Lothringen, e. V. in Straßburg i. Els.
13. Verband ländlicher Genossenschaften im Herzogtum Braunschweig, e. V. in Braunschweig.

C. Revisionsverbände des Zentralverbandes deutscher Konsumvereine.[1])

1. Verband der Konsum- und Produktivgenossenschaften in Rheinland und Westfalen in Barmen.
2. Verband der Konsumvereine der Provinz Brandenburg und der angrenzenden Provinzen und Staaten in Brandenburg a. H.
3. Verband sächsischer Konsumvereine in Dresden.
4. Verband mitteldeutscher Konsumvereine in Braunschweig.
5. Verband thüringer Konsumvereine in Zeitz.
6. Verband nordwestdeutscher Konsumvereine in Bremen.
7. Verband süddeutscher Konsumvereine in München.

D. Revisionsverbände des Hauptverbandes deutscher gewerblicher Genossenschaften.[2])

1. Rheinischer Genossenschaftsverband Köln in Köln.
2. Westfälischer Genossenschaftsverband in Münster i. W.
3. Revisionsverband gewerblicher Genossenschaften, e. V. in Halle a. S.
4. Verband hannoverscher gewerblicher Genossenschaften in Osnabrück.
5. Oberschlesische Genossenschaftsbank, e. G. m. b. H. in Beuthen i. Oberschl.
6. Revisionsverband der Handwerkergenossenschaften zu Berlin.
7. Ostdeutscher Handwerks-Genossenschafts-Verband in Posen.
8. Provinzialverband für schlesische Hausbesitzer- und Handwerkergenossenschaften in Breslau.
9. Verband der gewerblichen Genossenschaften in der Provinz Schleswig-Holstein in Kiel, e. V.
10. Landesverband von Handwerkergenossenschaften im Königreiche Sachsen in Leipzig.
11. Revisionsverband schlesischer Genossenschaften in Breslau.
12. Verband hessen-nassauischer gewerblicher Genossenschaften in Frankfurt a. M.

---

[1]) Der „Zentralverband" besitzt als solcher nicht das Recht zur Bestellung des Revisors.
[2]) Der „Hauptverband" besitzt als solcher nicht das Recht zur Bestellung des Revisors.

13. Brandenburgischer Verband für Hausbesitzer-Genossenschaften in Spandau.
14. Landesverband bayerischer Handwerkergenossenschaften in Nürnberg.

E. Andere Revisionsverbände, die nicht zu den großen Verbandsvereinigungen gehören.[1]

1. *Bezirks-Meierei-Verband für Westholstein in Hohenwestedt.
2. Revisionsverband der in den Kreisen Merzig, Saarlouis, Saarbrücken und Ottweiler bestehenden Konsumvereine in St. Johann a. Saar.
3. *Verband der landwirtschaftlichen Genossenschaften im Regierungsbezirk Hildesheim und in den Kreisen Burgdorf und Springe in Hildesheim.
4. Verband der Erwerbs- und Wirtschaftsgenossenschaften der Provinzen Posen und Westpreußen in Posen.
5. Verband der rheinischen Baugenossenschaften in Düsseldorf.
6. Verband schleswig-holsteinischer Baugenossenschaften in Kiel.
7. *Molkerei-Revisionsverband für die Provinzen Brandenburg, Pommern, Sachsen und die Großherzogtümer Mecklenburg in Prenzlau.
8. Verband deutscher Erwerbs- und Wirtschafts-Genossenschaften zu Hannover.
9. *Trierischer Revisionsverband landwirtschaftlicher Genossenschaften in der Rheinprovinz, im Fürstentum Birkenfeld und in Elsaß-Lothringen in Trier.
10. Genossenschaftsverband „Vorsicht" in Witten.
11. *Revisionsverband des Bundes der Landwirte in Berlin.
12. Verband der auf der Grundlage des gemeinschaftlichen Eigentums stehenden deutschen Baugenossenschaften in Berlin.
13. *Molkerei-Revisionsverband für das Fürstentum Ratzeburg in Niendorf bei Schönberg i. M.
14. Revisionsverband anhaltischer Genossenschaften in Köthen.
15. Verband der elsässischen Konsumvereine eingetragener Genossenschaften mit beschränkter Haftpflicht in Erstein i. Elsaß.
16. Verband der Baugenossenschaften des bayerischen Eisenbahnpersonals in München.

---

[1] Die mit einem Stern (*) bezeichneten Revisionsverbände zählen Genossenschaften überwiegend ländlichen Charakters, die übrigen Revisionsverbände Genossenschaften überwiegend städtischen Charakters in ihrem Bestande.

17. *Pfälzischer Verband landwirtschaftlicher Genossenschaften für Geld- und Warenverkehr in Wachenheim a. H.
18. *Verband landwirtschaftlicher Genossenschaften in Württemberg, e. V. in Stuttgart.
19. Verband württembergischer Kreditgenossenschaften in Ulm.
20. *Verband von Erwerbs- und Wirtschaftsgenossenschaften der Provinz Oberhessen in Gießen.
21. Verband westfälischer Baugenossenschaften in Münster.
22. Revisionsverband der Baugenossenschaften des Verbandes deutscher Beamten-Vereine in Berlin.
23. Verband ostpreußischer Baugenossenschaften in Königsberg i. Pr.
24. Verband der württembergischen Handwerksgenossenschaften, e. V. in Stuttgart.
25. Verband der Bauvereine im Großherzogtum Hessen in Darmstadt.
26. Revisionsverband der Spar- und Darlehenskassen des Allgemeinen Verbandes der Eisenbahnvereine zu Kassel.
27. Verband der landwirtschaftlichen Kreditgenossenschaften im Großherzogtum Baden in Karlsruhe.
28. Verband badischer Handwerkergenossenschaften in Karlsruhe.

1. der im Deutschen Reich am 1. Januar 1908 bestehenden eingetragenen
Haftpflichtart. (Ohne die Zentral- und

Gegenstand des Unternehmens	Gesamtzahl der	
	Gen.	Mitgl.
1.	2.	3.
1. Kreditgenossenschaften	16092	2202949
2. Rohstoffgenossenschaften, gewerbliche . . .	299	11122
3. Rohstoffgenossenschaften, landwirtschaftliche .	1845	160242
4. Wareneinkaufsvereine	141	6115
5. Werkgenossenschaften, gewerbliche	390	26559
6. Werkgenossenschaften, landwirtschaftliche . .	399	8885
7. Genossenschaften zur gemeinsamen Beschaffung von Maschinen und Geräten	11	1123
8. Magazingenossenschaften, gewerbliche . . .	80	4162
9. Magazingenossenschaften, landwirtschaftliche .	314	42996
10. Rohstoff- u. Magazingenossenschaften, gewerbl.	129	4627
11. Rohstoff- u. Magazingenossenschaften, landw. .	19	2793
12. Produktivgenossenschaften, gewerbliche . . .	275	30391
13. Produktivgenossenschaften, landwirtschaftliche	3480	271612
darunter:		
Meiereigenossenschaften	2980	248441
Brennereien	198	3412
Winzervereine	197	11354
Genossenschaften für den Bau und Vertrieb von Feld- und Gartenfrüchten	89	7417
Schlachtgenossenschaften	4	397
Fischereigenossenschaften	8	539
Forstgenossenschaften	4	52
14. Zuchtgenossenschaften	162	11585
15. Konsumvereine	2110	1131453
16. Wohnungs- u. Baugenossenschaften, eigentliche	747	140278
17. Wohnungs- u. Baugenossensch., Vereinshäuser	97	13120
18. Sonstige Genossenschaften	260	35582
Summa . .	26851	4105594
Am 1. Jan. 1907 . .	25714	3860143
Am 1. Jan. 1906 . .	24652	3658437
Am 1. Jan. 1905 . .	23569	3446078

2. der am 1. Januar 1908 bestehenden

	Bestand	Mitgliederzahl
1.	2.	3.
A. Zentral-Kreditgenossenschaften	63	12147
B. Hauptgenossenschaften		
1. Für Rohstoffvereine		
a) Landwirtschaftliche	26	6715
b) Gewerbliche	2	44
2. Für den Absatz landwirtsch. Artikel		
a) für Getreide	9	488
b) für Hopfen	1	39
c) für Tabak	1	76
	102	19509

stellung

Genossenschaften nach dem Gegenstande des Unternehmens und nach der nicht eingetragenen Genossenschaften.)

Mit u. H.		Mit u. N.		Mit b. H.	
Gen.	Mitgl.	Gen.	Mitgl.	Gen.	Mitgl.
4.	5.	6.	7.	8.	9.
14092	1719447	51	12258	1949	471244
14	529	4	92	281	10501
1025	87975	2	344	818	71923
4	63	1	17	136	6035
114	4271	2	38	274	22250
143	3007	2	14	254	5864
—	—	—	—	11	1123
9	588	2	52	70	3522
38	5948	1	129	275	36919
4	242	—	—	125	4385
2	100	—	—	17	2693
21	1175	2	30	252	29186
2170	166410	82	12511	1228	92691
1918	155542	75	12100	987	80799
57	671	2	17	139	2724
183	9919	2	341	12	1094
11	240	3	53	75	7124
—	—	—	—	4	397
1	38	—	—	7	501
—	—	—	—	4	52
15	989	—	—	147	10596
142	19379	4	10844	1964	1111230
11	254	—	—	736	140024
1	9	—	—	96	13111
35	5554	4	592	221	29436
17840	2015940	157	26921	8854	2062733
17319	1955383	159	26347	8236	1878413
16784	1887551	156	25891	7712	1744995
16206	1821961	153	25036	7210	1599081

Zentral-(Haupt-)Genossenschaften.

	Bestand	Mitgliederzahl
1.	2.	3.
Übertrag	102	19509
d) für Molkereien und Buttereien . . .	8	468
e) für Winzervereine	1	31
f) für Spiritusverwertung	1	285
g) für Obst- und Gemüseverwertung . .	1	37
3. Für Wareneinkaufsvereine	2	18
4. Für Viehverwertung	1	2230
5. Für den An- und Verkauf landwirtschaftlicher Maschinen und Geräte.	1	610
	117	23188

III. Gesamt

der Genossenschaften und Anteil der einzelnen Genossenschafts

Jahr		Gesamtzahl	Kreditgenossen-schaften	Rohstoff-genossen-schaften		Wareneinkaufs-vereine	Genossenschaften zur Beschaffung von Maschinen usw.	Werk-genossen-schaften	
				gew.	landw.			gew.	landw.
Ende März	1890	7608[1])	3910	110	980	—	—	8	286
„	„ 1891	8418	4401	110	1020	—	—	13	299
„	„ 1892	8921	4791	64	1008	—	—	14	208
„	„ 1893	9934	5498	59	1071	—	—	17	214
„	„ 1894	11141	6417	61	1067	—	—	17	240
„	„ 1895	13005	8069	58	1085	—	—	21	248
„	„ 1896	14842	9417	66	1128	—	—	23	377
„	„ 1897	16069	10259	73	1167	—	—	30	455
„	„ 1998	16912	10850	82	1193	—	—	34	482
„	„ 1899	17988	11477	92	1237	—	—	53	501
„	„ 1900	19557	12140	145	1394	—	—	67	546
„	„ 1901	21127	12779	188	1524	—	—	78	591
„	„ 1902	22512	13481	215	1673	—	—	91	636
„	„ 1903	24061	14280	266	1837	—	—	105	671
„	„ 1904	25398	15011	290	1949	—	—	112	707
„	Dez. 1905	24652[2])	15108	229	1702	88	10	206[3])	280
„	„ 1906	25714	15602	257	1786	129	11	341	321
„	„ 1907	26851	16092	299	1845	141	11	390	399

[1]) Von 1890 bis 1904 einschließlich der Zentralkassen und der nicht
April zu April, letztmalig bis 1. April 1905, nach den Listen des Allgemeinen
nicht eingetragenen Genossenschaften auf den Zeitraum des Kalenderjahrs,
buch der Preußischen Zentral-Genossenschafts-Kasse. — [2]) Die bedeutende
schaften in der Gruppe „Sonstige Genossenschaften" enthalten waren. —
die gewerblichen Magazingenossenschaften nicht getrennt von den Rohstoff-
dadurch, daß eine schärfere Sonderung der einzelnen Genossenschaftsarten

zahl

arten daran seit Bestehen des geltenden Genossenschaftsgesetzes.

Magazin- und Absatz-genossenschaften		Rohstoff- und Magazin-genossenschaften		Produktiv-genossenschaften		Zuchtgenossenschaften	Konsumvereine	Wohnungs- und Baugenossenschaften, eigentliche	Wohnungs- und Baugenossenschaften, Vereinshäuser	Sonstige Genossenschaften
gew.	landw.	gew.	landw.	gew.	landw.					
61	7	—	—	151	974	—	984	50	—	87
59	7	—	—	151	1087	—	1122	55	—	94
48	4	—	—	128	1196	—	1283	77	—	100
54	4	—	—	120	1341	—	1339	101	—	125
57	4	—	—	124	1458	—	1412	124	—	160
56	3	—	—	129	1620	—	1400	132	—	184
68	45	—	—	172	1765	—	1409	165	—	207
70	83	—	—	179	1932	—	1396	192	—	233
67	106	—	—	193	2017	—	1373	244	—	271
73	127	—	—	203	2186	—	1404	322	—	313
79	154	—	—	255	2507	—	1528	385	—	357
81	201	—	—	303	2819	—	1683	466	—	414
94	244	—	—	323	2968	—	1847	498	—	442
108	269	—	—	345	3130	—	1994	550	—	506
120	284	—	—	368	3270	—	2090	617	—	580
70[4]	255	122	20	210	3264	152	1922	641	73	300[5]
73	290	125	21	230	3362	159	2006	681	86	234
81	314	129	19	275	3480	162	2110	747	97	260

eingetragenen Genossenschaften, auf den zwölfmonatlichen Zeitraum von Verbandes. — [2]) Von 1905 ab ausschließlich der Zentralkassen und der erstmalig vom 1. April bis 31. Dezember 1905, nach dem Jahr- und Adreß-Vermehrung erklärt sich dadurch, daß bis dahin eine Anzahl Werkgenossen- [4]) Bis zum Jahre 1904 wurden in den Listen des Allgemeinen Verbandes und Magazingenossenschaften geführt. — [5]) Die Verminderung erklärt sich erstrebt wurde.

IV. Zahl der Gründungen und

(1896—1904 nach den Listen des Allgemeinen Verbandes, 1905, 1906 und 1907 zusammen

	Vom 1.6.96 bis 31.5.97		Vom 1.6.97 bis 30.4.98		Vom 1.5.98 bis 31.3.99		Vom 1.4.99 bis 31.3.1900		Vom 1.4.1900 bis 31.3.01	
	Zug.	Abg.	Zug.	Abg.	Zug.	Abg.	Zug.	Abg.	Zug.	Abg.
Kredit-Genossensch.	1437	89	922	80	789	198	708	81	753	91
Rohstoff-Gen. gew.	8	3	9	2	10	1	15	5	54	4
„ ldw.	69	26	70	31	85	59	71	27	194	37
Werk-Gen. gew.	2	—	7	—	4	—	21	2	14	1
„ ldw.	129	—	83	5	42	15	34	15	67	21
Magazin-Gen. gew.	12	5	9	7	9	12	7	1	12	5
„ ldw.	26	—	40	2	28	5	28	7	36	9
Produkt.-Gen. gew.	57	14	16	9	20	6	20	8	58	6
„ ldw.	226	65	201	34	198	113	189	20	356	35
Bau-Genossensch. .	39	6	40	13	59	7	82	4	74	11
Konsum-Vereine . .	119	110	81	94	88	111	85	54	157	33
Verschiedene Arten von Genossensch.	31	—	34	8	64	26	61	19	61	14
	2155	318	1512	285	1396	553[1])	1321	243	1836	267

[1]) Hierunter sind 301 Genossenschaften, welche nach dem Kataster der Listen gestrichen wurden. — [2]) Der erhebliche Zugang erklärt sich dadurch, anderen Gruppen gezählt waren.

		Neu errichtet	Aufgelöst
Vom 1. Juni 1896 bis 31. Mai 1897		2155	318
„ 1. Juni 1897 „ 30. April 1898		1512	285
„ 1. Mai 1898 „ 31. März 1899		1396	553
„ 1. April 1899 „ 31. März 1900		1321	243
„ 1. April 1900 „ 31. März 1901		1836	267
„ 1. April 1901 „ 31. März 1902		1831	260

Auflösungen von 1896—1907.

nach dem Jahr- und Adreßbuch der Preußischen Zentral-Genossenschafts-Kasse gestellt.)

Vom 1.4.01 bis 31.3.02		Vom 1.4.02 bis 31.3.03		Vom 1.4.03 bis 31.3.04		Vom 1.4.04 bis 31.3.05		Vom 1.1.05 bis 31.12.05		Vom 1.1.06 bis 31.12.06		Vom 1.1.07 bis 31.12.07	
Zug.	Abg.	Zug.	Abg.	Zug.	Abg.	Zug.	Abg.	Zug.	Abg.	Zug.	Abg.	Zug.	Abg.
726	86	771	70	861	63	811	80	695	85	595	101	592	102
49	6	37	9	57	6	38	14	31	13	40	12	69	15
151	21	175	24	189	25	140	28	127	35	140	56	103	44
13	1	17	4	18	4	17	10	29	7	61²)	9	63	12
73	29	73	28	64	29	60	24	21	9	49	8	91	13
4	2	13	—	17	3	18	6	22	13	17	10	26	14
52	5	49	6	37	12	35	20	44	17	48	12	49	27
60	12	35	15	35	13	33	10	18	7	39	19	56	11
343	31	204	55	222	55	208	68	195	71	221	92	229	106
89	8	52	20	66	14	78	11	68	18	82	29	93	20
200	45	204	40	178	27	143	47	126	57	141	57	154	50
71	14	58	30	81	17	95	21	83	40	78	43	40	14
1831	260	1688	301	1825	268	1676	339	1459	372	1511	448	1565	428

Preußischen Zentral-Genossenschafts-Kasse schon früher als aufgelöst aus den daß in die Gruppe Genossenschaften aufgenommen sind, die bisher in

	Neu errichtet	Aufgelöst
Vom 1. April 1902 bis 31. März 1903	1688	301
„ 1. April 1903 „ 31. März 1904	1825	268
„ 1. April 1904 „ 31. März 1905	1676	339
„ 1. Jan. 1905 „ 31. Dezbr. 1905	1459	372
„ 1. Jan. 1906 „ 31. Dezbr. 1906	1511	449
„ 1. Jan. 1907 „ 31. Dezbr. 1907	1565	428

Verbände	Zahl			Umsatz (Einnahmen und Ausgaben zusammen) Mk.
	der Verbands-Kreditgenossen-schaften	der berichtenden Kreditgenossen-schaften	der Mitglieder	
1. Allgemeiner Verband der deutschen Erwerbs- u. Wirtschaftsgenossensch., Kreditgenossenschaften (s. auch B 1)	956	917	557451	11362139428 [1]
2. Reichsverband der deutschen landwirtschaftl. Genossenschaften, Spar- und Darlehnskassen [2] (s. auch B 2)	12188	11373	1015108	3174068835
3. Verband landwirtschaftl. Genossenschaften in Württemberg, Darlehnskassenvereine [2] (s. auch B 3) . . .	1110	1049	111330	159968880
4. Hauptverband der deutschen gewerbl. Genossensch. in Berlin (s. auch B 8)	304	267	55332	900677523
5. Verband deutscher Erwerbs- u. Wirtschaftsgenossenschaften in Hannover, Kreditvereine	73	69	27753	1374283474
6. Revisionsverband schlesischer Genossenschaften in Breslau	15	14	10433	82530647
7. Kreditgenossenschaften in Württemberg	?	97	46947	584595040 [1]
8. Trierischer Revisionsverband . . .	?	290	28042	57923471
9. Verband der landwirtschaftl. Kreditgenossenschaften im Großherzogtum Baden	?	371	53772	92195278
		14447	1906166	17788382576

[1] Bei Genossenschaften mit doppelter Buchhaltung eine Seite des Nummer 1 und auf 95 Vereine zu laufd. Nummer 7. — [2] Darunter auch die Beschaffung der Rohstoffe im landwirtschaftlichen Betriebe ihrer nossenschaften.

geschäftlichen Resultate.

schaften verschiedener Verbände.

Betrag der gewährten Kredite Mk.	Betrag der am Jahresschluß ausstehenden Kredite Mk.	Aktiva, Summe Mk.	Geschäftsguthaben der Mitglieder Mk.	Reservefonds Mk.	Angeliehene fremde Gelder Mk.	Angaben für das Jahr
3475758080	1033246760	1233139223	183973033	76067260	949625256 [2]	1907
633720938	1158862612	1432523762	17629676	35066830	1373037477	1906
?	?	72701545	1978890	2485931	?	1906
305147418	87985886	100833251	9924950	3337551	85834637	1906
?	?	?	5816256	3488618	100270608	1907
12859963	7654589	10019551	1696271	321825	7450087	1906
166422636	79701362	92537475	19797794	5836835	65572623 [4]	1907
14028210	30254703	36179884	163463	673182	28586002	1906
19328672	44965819	62101965	3944941	2161094	46604505	1906
4627265917	2442671731	3040036656	244925274	129439126	2656981195	

Hauptbuches. Diese Ermittelungen erstrecken sich auf 912 Vereine zu laufd.
33 124 588 Mk. von Banken und Genossenschaften. — [3] Haben zum Teil
Mitglieder zur Aufgabe. — [4] Darunter 4 408 422 Mk. von Banken und Ge-

B. Statistik von Konsum- und Einkaufsvereinen, Bau-, Magazin-, Produktiv-, landwirtschaftlichen Rohstoffgenossen

Beschaffung von Lebensmitteln, von gewerblichen

Verbände	Zahl der berichtenden Genossenschaften	Zahl der Mitglieder	Eingelieferte Milch in Liter oder kg — a	Eingelieferte Milch dafür bezahlt — b	Summe des Verkaufserlöses (landw. Genossensch.) für die durch die Genossenschaften verkauften Waren (Winzer-, Molkerei-Absatzgen.) — a	Summe des Verkaufserlöses (landw. Genossensch.) für Rohstoffe — b
1.	2.	3.	4. a	4. b	5. a	5. b
			Mk.	Mk.	Mk.	Mk.
1. Allg. Verband der deutschen Erwerbs- u. Wirtschaftsgen., Konsumvereine	271	252618	—	—	—	—
— — Rohstoffgenossenschaften	23	1371	—	—	—	—
— — Baugenossenschaften	103	26870	—	—	—	—
— — Magazingenossenschaften	7	666	—	—	—	—
— — Produktivgenossenschaften	10	575	—	—	—	—
— — Werkgenossenschaften	9	2079	—	—	—	—
2. Reichsverband der deutschen landw. Genossenschaften, Bezugsgenossensch.	1925	204353	—	—	—	76406774
— — Molkereigenossenschaften	1634	164577	1881311826	136670776	175951594	—
— — Winzergenossenschaften	129	6384	—	—	3981653	—
— — Spar- und Darlehnskassen	6020²)	?	—	—	—	52927396
3. Verband landwirtsch. Genossensch. in Württemberg, Molkereigenossensch.	166	13216	41113780	3535283	4106246	—
4. Molkerei-Revisionsverband für die Provinzen Brandenburg, Pommern, Sachsen u. das Großherzogtum Mecklenburg in Prenzlau	67	3847	128000000	13026087	?	—
5. Bezirks-Meierei-Verband Westholstein	91	4725	77914454	6502042	7296769	—
6. Zentralverband deutscher Konsumvereine, Konsumvereine	939	879221	—	—	—	—
— — Produktivgenossenschaften	24	5853	—	—	—	—
7. Verband d. elsässischen Konsumvereine	36	4348	—	—	—	—
8. Hauptverband deutsch. gewerbl. Genossensch. in Berlin, Rohstoffgen.	127	4347	—	—	—	—
— — Magazingenossenschaften	12	1995	—	—	—	—
— — Rohstoff u. Magazingenossensch.	6	289	—	—	—	—
— — Produktivgenossenschaften	10	672	—	—	—	—
— — Werkgenossenschaften	17	667	—	—	—	—
— — Wareneinkaufsvereine	13	1117	—	—	—	—
9. Verband Württembergischer Handwerkergenossensch., e. V. in Stuttgart						
— — Rohstoffgenossenschaften	20	556	—	—	—	—
— — Werkgenossenschaften	16	494	—	—	—	—
— — Magazingenossenschaften	5	246	—	—	—	—
10. Verband badischer Handwerkergenossenschaften in Karlsruhe						
— — Rohstoffgenossenschaften	11	358	—	—	—	—
— — Magazingenossenschaften	2	188	—	—	—	—
— — Werkgenossenschaften	1	496	—	—	—	—
11. Verband westfälisch. Baugenossensch.	98	13783	—	—	—	—
12. Verband der auf der Grundlage des gemeinschaftlichen Eigentums stehenden deutschen Baugenossenschaften	148	61549	—	—	—	—
13. Verband der Bauvereine im Großherzogtum Hessen	32	2440	—	—	—	—
14. Rheinischer Verein zur Förderung des Arbeiterwohnungswesens (in Personalunion mit dem Verband Rheinischer Baugenossenschaften)	106	14730	—	—	—	—
15. Verband Schleswig-Holsteinischer Baugenossenschaften in Kiel	34	13768	—	—	—	—
16. Revisionsverband der Baugenossenschaften des Verbandes deutscher Beamten-Vereine in Berlin	21	4953	—	—	—	—
	6113	1693301	2128340060	159734138	191286262	129334170

¹) Einschließlich des Lieferantengeschäfts. — ²) Sind in Tabelle A 2 enthalten. — Rohstoffgenossenschaften enthalten (s. Anmerkung 3).

Werk-, Molkerei- und Winzergenossenschaften sowie von gewerblichen und schaften verschiedener Verbände.

und landwirtschaftlichen Rohstoffen, von Wohnungen.

Summe des Verkaufserlöses (gewerbl. Genossensch.)			Verkaufserlös für Lebensmittel (Konsumvereine)	Betriebserlös (Werksgenossenschaften)	Anzahl	Herstellungspreis der seit Bestehen der Genossensch. erbauten Häuser (Baugenoss.)	Aktiva	Geschäftsguthaben der Mitglieder	Reservefonds	Angeliehene fremde Gelder	Angaben für das Jahr
für die durch die Gen. verkauften Waren (Prod.-Gen.) a	für die durch die Gen. verkauften Waren (Mag.-Gen.) b	für Rohstoffe c									
6.			7.	8.	9.		10.	11.	12.	13.	14.
Mk.	Mk.	Mk.	Mk.	Mk.	Mk.		Mk.	Mk.	Mk.	Mk.	
—	—	—	65812448 [1]	—	—	—	20899150	4657051	2333123	4387197	1907
—	—	3973307	—	—	—	—	2583720	678508	136144	1225408	1907
—	—	—	—	—	2966	61843930	68989540	5169355	1490760	57230428	1907
—	2286771	5068	—	—	—	—	1260981	123430	111766	895887	1907
1189896	—	16751	—	—	—	—	2028771	404878	252231	1154232	1907
—	—	—	—	2268396	—	—	2590296	850316	120315	1407080	1907
—	—	—	—	—	—	—	45878038	2291614	3937108	38555749	1906
—	—	—	—	—	—	—	74989897	6190390	12693712	51454671	1906
—	—	—	—	—	—	—	12357045	884309	513632	?	1906
—	—	—	—	—	—	—	In den Zahlen der Statistik für				1906
—	—	—	—	—	—	—	Kredit-Genossensch. enthalten.				1906
—	—	—	—	—	—	—	?	121819	191336	?	1906
—	—	—	—	—	—	—	2606057	236354	339051	1579302	1907
—	—	—	—	—	—	—	?	?	?	?	1907
—	—	—	233206100 [1]	—	—	—	93011411	16964536	9096707	37620232	1907
5720132	—	—	—	—	—	—	3767633	449858	463638	2168497	1907
—	—	—	1982054	—	—	—	?	?	291793	?	1907
—	—	6849185	—	—	—	—	5353797	1151720	277371	2514981	1906
—	11273431	—	—	—	—	—	3323335	360199	90357	2478294	1906
—	430871	—	—	—	—	—	578001	86876	56168	475542	1906
806707	—	—	—	—	—	—	604732	108236	41233	425580	1906
—	—	—	—	821359	—	—	947343	134242	56722	648655	1906
—	—	1624880	—	—	—	—	687364	193289	21479	407661	1906
—	—	2902071 [5]	—	•	—	—	410961	101643	17103	197909	1906
—	—	—	—	?	—	—	1848988	60792	171818	1095318	1906
—	—[6]	—	—	—	—	—	40069	15588	8540	5433	1906
—	—	?	—	—	—	—	143232	57010	10018	25789	1907
—	?	—	—	?	—	—	535061	60020	25000	12569	1907
—	—	—	—	—	—	—	364834	58457	14200	227861	1907
—	—	—	—	—	1369	27523060	?	2718275	?	22660883	1906
—	—	—	—	—	1563	118987675	?	12106645	585885	101630495	1907
—	—	—	—	—	318	4208710	?	478055	?	3091182	1907
—	—	—	—	—	2353	?	?	3640000	571500	?	1907
—	—	—	—	—	1908	17874275	19887731	1705832	312885	16614069	1907
—	—	—	—	—	242	15386116	16862079	1038728	34401	14436851	1907
7666735	13991073	14871262	305502602	3089755	10714	240323766	374395064	62042525	34251041	364517705	

[5] Verkaufserlös der Rohstoff- und Magazin-Genossenschaften. — [6] Im Verkaufserlös der

Hiernach ergibt sich für die einzelnen Genossenschaftsarten:

I. Kreditgenossenschaften.

Zahl der berichtenden Kreditgenossenschaften	Zahl der Mitglieder	Umsatz (Einnahmen und Ausgaben zusammen) Mk.	Betrag der gewährten Kredite Mk.	Betrag der am Jahresschluß ausstehenden Kredite Mk.	Aktiva Mk.	Geschäftsguthaben der Mitglieder Mk.	Reservefonds Mk.	Angeliehene fremde Gelder Mk.
14 447	1 906 166	17 788 382 576	4 627 265 917 (bei 13 264 berichtenden Genossensch.)	2 442 671 731 (bei 13 264 berichtenden Genossensch.)	3 040 036 656 (bei 14 374 berichtenden Genossensch.)	244 925 274	129 439 126	2 656 981 195 (bei 13 337 berichtenden Genossensch.)
davon 917	557 451	11 362 139 428	3 475 758 080	1 033 246 760	1 233 139 223	183 973 033	76 067 260	949 625 256

dem Allgemeinen Verband der auf Selbsthilfe beruhenden Deutschen Erwerbs- und Wirtschaftsgenossenschaften angehörend.

II. Gewerbliche Rohstoff- und Magazingenossenschaften.

Zahl der berichtenden Genossenschaften	Zahl der Mitglieder	Verkaufserlös der Rohstoffgenossensch. Mk.	Verkaufserlös d. Magazingenossensch. für durch d. Genossenschaft verkaufte Waren Mk.	für Rohstoffe Mk.	Aktiva Mk.	Geschäftsguthaben der Mitglieder Mk.	Reservefonds Mk.	Angeliehene fremde Gelder Mk.
1. Rohstoffgen. 194	7 749	14 849 443 (b. 193 ber. Gen.)	—	—	9 129 074	2 182 170	512 110	4 371 698
davon 23	1 371	3 973 307	—	—	2 533 720	678 508	186 144	1 225 408
dem Allgemeinen Verband der auf Selbsthilfe beruhenden Deutschen Erwerbs- und Wirtschaftsgenossenschaften angehörend.								
2. Magazingen. 26	3 095	—	13 560 202 (bei 19 berioht. Gen.)	5 068	5 159 396	559 237	235 663	3 391 683
davon 7	666	—	2 286 771 (bei 7 berioht. Gen.)	5 068	1 260 931	123 430	111 766	895 387
dem Allgemeinen Verband der auf Selbsthilfe beruhenden Deutschen Erwerbs- und Wirtschaftsgenossenschaften angehörend.								
3. Rohstoff- und Magazingen. 6	289	—	430 871[1]	?	578 001	36 376	56 168	475 542

[1]) Einschließlich für Rohstoffe.

III. Gewerbliche Produktivgenossenschaften.

Zahl der berichtenden Genossenschaften	der Mitglieder	Verkaufserlös für durch die Genossenschaft verkaufte Waren Mk.	Verkaufserlös für Rohstoffe Mk.	Aktiva Mk.	Geschäftsguthaben der Mitglieder Mk.	Reservefonds Mk.	Angeliehene fremde Gelder Mk.
44	7100	7 666 735	16 751 (bei 10 berichtenden Genossensch.)	6 401 136	962 972	762 152	3 748 359
davon 10	575	1 139 896	16 751	2 028 771	404 878	252 231	1 154 282

dem Allgemeinen Verband der auf Selbsthilfe beruhenden Deutschen Erwerbs- und Wirtschaftsgenossenschaften angehörend.

IV. Werkgenossenschaften.

Zahl der berichtenden Genossenschaften	der Mitglieder	Betriebserlös Mk.	Aktiva Mk.	Geschäftsguthaben der Mitglieder Mk.	Reservefonds Mk.	Angeliehene fremde Gelder Mk.
43	3736	3 089 755 (bei 26 berichtenden Genossenschaften)	5 251 511	603 807	363 055	3 378 914
davon 9	2079	2 268 396	2 590 296	350 316	120 315	1 407 080

dem Allgemeinen Verband der auf Selbsthilfe beruhenden Deutschen Erwerbs- und Wirtschaftsgenossenschaften angehörend.

V. Landwirtschaftliche Bezugsgenossenschaften.

Zahl der berichtenden Genossenschaften	der Mitglieder	Verkaufserlös für Rohstoffe Mk.	Aktiva Mk.	Geschäftsguthaben der Mitglieder Mk.	Reservefonds Mk.	Angeliehene fremde Gelder Mk.
1925	204 353	76 406 774	45 873 038	2 291 614	3 937 108	38 555 749

VI. Molkereigenossenschaften.

Zahl der berichtenden Genossenschaften	der Mitglieder	Eingelieferte Milch in Liter	dafür bezahlt Mk.	Verkaufserlös für die Molkerei-produkte. Mk.	Aktiva Mk.	Geschäfts-guthaben der Mitglieder Mk.	Reservefonds Mk.	Angeliehene fremde Gelder Mk.
1958	186 365	2 128 340 060	159 734 138	187 354 609 (bei 1891 berichtenden Genossensch.)	77 595 954 (bei 1867 berichtenden Genossensch.)	6 548 563 (bei 1867 berichtenden Genossensch.)	13 154 099 (bei 1867 berichtenden Genossensch.)	53 034 473 (bei 1867 berichtenden Genossensch.)

VII. Winzergenossenschaften.

Zahl der berichtenden Genossenschaften	der Mitglieder	Verkaufserlös für die Produkte Mk.	Aktiva Mk.	Geschäftsguthaben der Mitglieder Mk.	Reservefonds Mk.	Angeliehene fremde Gelder Mk.
129	6334	3 931 653	12 357 045	384 309	513 632	?

VIII. Konsumvereine.

Zahl		Verkaufserlös für Lebensmittel Mk.	Aktiva Mk.	Geschäftsguthaben der Mitglieder Mk.	Reservefonds Mk.	Angeliehene fremde Gelder Mk.
der berichtenden Genossenschaften	der Mitglieder					
1246	1 136 187	305 502 602¹)	113 410 561 (bei 1210 berichtenden Genossenschaften)	21 621 587 (bei 1210 berichtenden Genossenschaften)	11 721 623	41 957 429 (bei 1210 berichtenden Genossenschaften)
davon						
271	252 618	65 312 448¹)	20 399 150	4 657 051	2 333 123	4 337 197

dem Allgemeinen Verband der auf Selbsthilfe beruhenden Deutschen Erwerbs- und Wirtschaftsgenossenschaften angehörend.

¹) Einschließlich des Lieferantengeschäfts.

IX. Baugenossenschaften.

Zahl		Anzahl der seit Bestehen der Genossenschaften erbauten Häuser	Herstellungspreis der Genossenschaftshäuser Mk.	Aktiva Mk.	Geschäfts- guthaben der Mitglieder Mk.	Reservefonds Mk.	Angeliehene fremde Gelder Mk.
der berichtenden Genossenschaften	der Mitglieder						
542	138 093	12 714	240 323 766	100 639 350	26 851 840	2 995 431	215 663 858
davon							
103	26 870	2 966	61 343 930	63 939 540	5 169 355	1 490 760	57 230 428

dem Allgemeinen Verband der auf Selbsthilfe beruhenden Deutschen Erwerbs- und Wirtschaftsgenossenschaften angehörend.

Literatur-Verzeichnis.

Blätter für Genossenschaftswesen. Organ des Allgemeinen Verbandes deutscher Erwerbs- und Wirtschaftsgenossenschaften e. V. LIV. Jahrg. (Berlin, J. Guttentag).

Deutsche landwirtschaftliche Genossenschaftspresse. Organ des Reichsverbandes der deutschen landwirtschaftlichen Genossenschaften, XXXV. Jahrg. (Darmstadt, Reichsverband.)

Landwirtschaftliches Genossenschaftsblatt, Hauptblatt der Raiffeisen-Organisation, XXX. Jahrg. (Neuwied, Ldw. Zentral-Darlehnskasse für Deutschland zu Neuwied).

Konsumgenossenschaftliche Rundschau. Organ des Zentralverbandes und der Großeinkaufsgesellschaft deutscher Konsumvereine, V. Jahrg. (Hamburg, Verlag Heinrich Kaufmann).

Genossenschaftliches Korrespondenzblatt. Organ des Hauptverbandes deutscher gewerblicher Genossenschaften, III. Jahrg. (Verlag C. J. Korthaus, Steglitz.)

Deutsche Handels-Rundschau, Berlin, Organ des Verbandes deutscher kaufmännischer Genossenschaften, e. V. und der Zentral-Einkaufsgenossenschaft des genannten Verbandes.

Jahrbuch des Allgemeinen Verbandes der auf Selbsthilfe beruhenden deutschen Erwerbs- und Wirtschaftsgenossenschaften, e. V., für 1897—1907 (früher Jahresberichte von 1859—1896). (Berlin J. Guttentag.)

Jahrbuch des Reichsverbandes der deutschen landwirtschaftlichen Genossenschaften (Darmstadt) für 1894—1907. (Darmstadt.)

Jahresbericht des Generalverbandes ländlicher Genossenschaften für Deutschland zu Neuwied, e. V., für 1899—1906 (Neuwied.)

Jahrbuch des Zentralverbandes deutscher Konsumvereine für 1903—1907 (Hamburg, Verlagsanstalt des Zentralverbandes deutscher Konsumvereine von Heinrich Kaufmann & Co).

Geschäftsstatistik des Hauptverbandes deutscher gewerblicher Genossenschaften für 1904—1906 (Verlag des Hauptverbandes, Berlin).

Jahr- und Adreßbuch der Erwerbs- und Wirtschaftsgenossenschaften im Deutschen Reich (herausgegeben von der Preußischen Central-Genossenschafts-Kasse, Berlin) für 1904—1908.

Mitteilungen zur deutschen Genossenschaftsstatistik (herausgegeben von der Preuß. Central-Genossenschafts-Kasse) für 1899 ff.

Mitteilungen über die Allgemeinen Genossenschaftstage — (J. Guttentag, Berlin) — seit 1859—1907.

Baer, Eugen, Zur Vorgeschichte der deutschen Kreditgenossenschaften. Heidelberg 1907.

Bernhard, Ludwig, Das polnische Gemeinwesen im preußischen Staat. Leipzig 1907.

Crüger, Dr. H. (Erste Auflagen mit L. Parisius.) Kommentar z. Reichsgesetz betr. die Erwerbs- und Wirtschaftsgenossenschaften, 6. Auflage. Berlin 1908.

Crüger, Dr. H., Das Reichsgesetz betr. die Erwerbs- und Wirtschaftsgenossenschaften, Textausgabe mit Anmerkungen. 12. Aufl. Berlin 1907.

— Die Erwerbs- und Wirtschaftsgenossenschaften in den einzelnen Ländern. Jena 1892.

— Einführung in das deutsche Genossenschaftswesen. 1907.

— Handel- und Genossenschaftswesen. Heft 192 der „Volkswirtschaftlichen Zeitfragen". Berlin 1902.

— Vorschuß- und Kreditvereine als Volksbanken. 7. Aufl. Berlin 1904.

— Die Angriffe gegen die Konsumvereine und die Mittel zur Abwehr derselben. Charlottenburg 1894.

— Die Errichtung von industriellen Rohstoff-, Magazin-, Werk- und Produktivgenossenschaften. Charlottenburg 1892.

— Die Besserung der wirtschaftlichen Lage des Handwerks durch Rohstoffgenossenschaften. Berlin 1894.

— und Jäger H., Rohstoffgenossenschaften der Handwerker. 1896.

— Getreide-Absatzgenossenschaften. Heft 136 der „Volkswirtschaftlichen Zeitfragen". Berlin 1896.

— Die internationalen Genossenschafts-Kongresse in Paris im J. 1900, 1901.

Ehlers, Richard, Kreditgenossenschaftliche Probleme. Jena 1906.

Faßbender, Prof. Dr. M., F. W. Raiffeisen in seinem Leben, Denken und Wirken im Zusammenhang mit der Gesamtentwicklung des neuzeitlichen Genossenschaftswesens in Deutschland. Berlin 1902.

Fromm, Dr. L., Die Genossenschaften im Schuhmacherhandw. Leipzig 1904.

Gebhart, Justizrat, Vorträge zum Bürgerlichen Gesetzbuch und Handelsgesetzbuch usw. 1903.

Häntschke, H., Die gewerblichen Produktivgenossenschaften in Deutschland. Charlottenburg 1894.

Heiligenstadt, Dr. C., Die Preuß. Zentral-Genossenschafts-Kasse. Jena 1897.

Hugenberg, Dr. A., Geh. Finanzrat, Bank- und Kreditwirtschaft des deutschen Mittelstandes. München 1906.

Leonhardt, Rudolf, Kornhäuser und Getreidehandel. Ein Beitrag zur deutschen Agrarpolitik. München 1906.

Landwirtschaftliche Genossenschaften, Taschenbuch herausgegeben vom Reichsverband der landw. Genoss. Darmstadt 1907.

Müller, Dr. Friedrich, Die Entwicklung des landwirtschaftlichen Genossenschaftswesens in Deutschland. Leipzig 1901.

Parisius, Kreditgenossenschaften nach Schulze-Delitzsch 1895. 2. Aufl. 1898.

— Schulze-Delitzsch und Alwin Sörgel, Beiträge zur Geschichte der deutschen Genossenschaftsbewegung. 1899.

Proebst, F. X., Die Grundlehren der deutschen Genossenschaften. München 1875 und 1884.

— Das Genossenschaftsgesetz vom 1. Mai 1889, Kommentar. Nördlingen 1889.

— Schulze und Raiffeisen. Aus dem Bericht über die Generalversammlung des Bayrischen Genossenschaftsverbandes. München 1894.

Raiffeisen, Friedr. Wilh., Die Darlehnskassen-Vereine in Verbindung mit Konsum-, Verkaufs-, usw. Genossenschaften, als Mittel zur Abhilfe der Not der ländlichen Bevölkerung. Neuwied. 4. Aufl. 1883.

Schneider, Dr. F., und Wohlgemuth, Taschenbuch für Baugenossenschaften, Bau- und Sparvereine. Berlin 1899.

— (Oppermann und Häntschke), Handbuch für Konsumvereine. 3. Auflage. Berlin 1904.

Scholz, Dr. E. und Donath, P., Rechtsbuch für Genossensch. Berlin 1908.

Schulze-Delitzsch, Assoziationsbuch für deutsche Handwerker und Arbeiter. Leipzig 1858.

— Die arbeitenden Klassen und das Assoziationswesen in Deutschland. 2. Aufl. Leipzig 1863.

— Kapitel zu einem deutschen Arbeiter-Katechismus. Berlin 1863.

— Die Entwicklung des Genossenschaftswesens in Deutschland. Berlin 1870.

— Die Genossenschaften in einzelnen Gewerbszweigen. Leipzig 1873.

— Die nationale Bedeutung der deutschen Genossenschaften. Berlin 1865.

Söchting, Dr. Das landwirtschaftliche Genossenschaftswesen in der Provinz Sachsen. Halle a. S. 1906.

Stöckel, Errichtung, Organisation und Betrieb von Molkereigenossenschaften. Bremen 1880.

Wygodzinsky, Dr. W., Raiffeisen. Notizen zur Geschichte des landwirtschaftlichen Genoss.-Wesens in Deutschland. Leipzig 1899.

— Das landwirtschaftliche Genossenschaftswesen in Preußen. (Beitrag zu „Der Boden und die landw. Verhältnisse des Preuß. Staates", 8. Bd., Berlin 1908.)

Vollborn, Albert, Die Buchführung für Vorschuß- und Kreditvereine. 1900.

Wernicke, Dr., Umsatzsteuer und Konsumvereine. 1898.

Zeidler, Dr. H., Geschichte des deutschen Genossenschaftswesens der Neuzeit. Leipzig 1893.

Fortsetzung nächste Seite.

G. A. GLOECKNER in LEIPZIG
Verlag kaufmännischer Hand-, Lehr- und Sprachbücher

Handelshochschul-Bibliothek

Sammlung von Leitfäden aus dem Gebiete des Handels, der Industrie und Technik zum Selbstunterricht sowie zum Gebrauche an Handelshochschulen und Handelsschulen herausgegeben von

Professor Dr. MAX APT in Berlin.

Preis in Original-Leinenband 3 bis 6 Mark.

(Fortsetzung.)

Deutsches Verfassungs- und Verwaltungsrecht:
Dr. H. Geffcken, Professor an der Handelshochschule Köln.

Völkerrecht:
Dr. Stier-Somlo, Professor an der Universität Bonn.

Sozialpolitik:
Dr. von Wiese, Professor an der Königl. Akademie Posen.

Technik und Volkswirtschaft:
Dr. Tissen, Direktor des Vereins der Handlungscommis 1858 Hamburg.

Einführung in das Studium der theoretischen Nationalökonomie:
Dr. Zimmermann, Privatdozent an der Universität Berlin.

Einführung in das Studium der praktischen Nationalökonomie:
Dr. Zimmermann, Privatdozent an der Universität Berlin.

Statistik:
Dr. Kuczynski, Direktor des Statistischen Amtes Schöneberg.

Die Technik des Güterverkehrs:
Dr. Hanisch, Professor an der Handelshochschule Köln.

Die Technik des Warenverkehrs:
Dr. Hanisch, Professor an der Handelshochschule Köln.

Französische Grammatik und Konversation:
Gabriel Puy-Fourcat, Lector an der Handelshochschule Berlin.

Allgemeine Wirtschaftsgeographie:
Dr. M. Kraus, Professor an der Akademie für Sozial- und Handelswissenschaften Frankfurt.

Anorganische Chemie:
Dr. Reitter, Professor an der Handelshochschule Köln.

Buchdruckerei Julius Klinkhardt in Leipzig.